U0513079

未来哲学系列

哲思的定力

当代哲学短论集

孙周兴 著

上海人民出版社

目 录

第 一 编

哲学就是我们的日常行动

.... 1

第 二 编

今天我们怎么做哲学?

第 三 编

未来哲学的主题和使命

第 四 编

我们越来越需要哲思的定力

.... 215

后 记

第一编

哲学就是我们的日常行动

尼采之后，唯一真理已成谎言[1]

很幸运今天担任维尔纳·斯泰格迈耶教授（Werner Stegmaier）演讲的评论人。斯泰格迈耶先生是国际著名的尼采研究专家，德国格赖夫斯瓦尔德大学（Greifswald）教授，著有《位向哲学》《尼采导论》《尼采对哲学

---

1. 2018年9月15日上午为维尔纳·斯泰格迈耶教授在同济大学人文学院主办的第三届"尼采论坛"上的报告《真理与诸种真理——尼采—海德格尔—卢曼》做的点评。该报告原文为德文，由桂瑜译成中文，余明锋校对，刊于《同济大学学报》，2019年第1期。

3

的解放》《卢曼遭遇尼采：虚无主义中的位向》等，尤以"位向哲学"（Philosophie der Orientierung）而著名。"位向"的德语是Orientierung，也可译为"定向、导向、定位"等。人生总时刻在"位向"中，要是没有了"位向"，就是失去了方位和方向，难免失常和失态。

斯泰格迈耶教授今天的报告题目是"真理与诸种真理——尼采—海德格尔—卢曼"。报告主题实际上只用了一个词即"真理"（Wahrheit），但区分了单数的"真理"与复数的"诸种真理"。所涉及的哲学家有三位：尼采、海德格尔、卢曼。其中尼采和海德格尔是我们大家熟悉的，卢曼则相对冷僻些。讨论后尼采的"真理"问题，为何选海德格尔和卢曼？为什么不讨论阿多诺以及其他哲学家？这当然跟斯泰格迈耶教授的思考方向有关。

作者在演讲引言部分提出一个核心问题："我们如何能够在尼采之后以一种不带幻象的方式谈论真理？"这个问题特别严重，自然也特别有意义。如果说传统意义上的真理是形而上学的真理，特别是传统哲学和科学的真理，那么在尼采之后，在虚无主义命题被提出以后，我们确实需要追问：何谓真理？何种真理？我们如何谈论真理？真理对我们来说意味着什么？没有真理，我们还能活下去吗？等等。

我们先来总结一下演讲内容。演讲的结构十分清晰，分五个部分：1.尼采对真理的去幻象化和海德格尔对尼采哲学的再形而上学化；2.真理的可决断性（Entscheidbarkeit）：我们的生活位向的简化艺术（Abkürzungskunst unserer Orientierung）；3.视角中的诸种真理和海德格尔对真理的再存在论化；4. 卢曼对真理问题的贡献：真理之为诸种真理的交往媒介；5. "我的真理"：尼采作为"前所未有的福音大使"（froher Botschafter）。

在第一部分，斯泰格迈耶教授讨论尼采对真理的去幻象化，实即对传统真理观的解构。"真实世界"崩溃了，"我们并不拥有真理"——这当然是尼采对柏拉图主义的"另一个世界"传统的彻底颠倒。这种颠倒必然引向虚无主义。正如我们所知，在尼采那里虚无主义的否定是双重的，一是否定"存在世界"或"本质世界"，即哲学或存在论构造的"普遍世界"，二是否定"理想世界"或"神性世界"，即基督教神学构造的"超验领域"。但斯教授说，我们对"虚无主义"要有一个确当的了解，我们经常把"虚无主义"作消极的、负面的理解，认为它是一种应当被克服掉的状态。尼采却说"虚无主义是一种常态",不可能、也不必被克服的。"克服虚无主义"是后来海德格尔的说法。海德格尔把尼采视为形而上学最激进的批判者,但又把他视为"最后一个形而上学家",因为海氏对"权力意志"做了一种形而上学的解释,于是只好说尼采哲学是"真正的虚无主义"。斯教授认为这是海德格尔的误解,尼采并没有把"权力意志"看作一个终极真理。这当然是一个哲学史上的公案了——如何看待海德格尔的系统化的尼采解释?但我认为斯教授提出的论据是充分的。

第二部分进一步谈尼采的真理批判,主要是处理尼采如何把真理问题与决断和生活定向的问题结合起来。真理—确定性—知识是同一的。求真是西方哲学和科学的基本取向和优良传统。但为什么要求真呢?为什么不能求非真理、不确定性和无知呢？好像还没人这样提问的。实际上，我们在生活中多半碰到非真理、不确定性和无知。我们生活在不确定性中。我们坐在这儿，我们很稳当，但不确定性仍然在，比如飞机砸下来，比如地震了，等等。这样想下去是没个完的。于是尼采说，我们只好"简化"无法把握的整体局势，所谓"简化"，即我们只掌握其中确定的部分，而不顾无限多的不确定的方面（记得有个寓言故事说：只在有光的地方找钥匙）。所谓"真理"就是这样形成的。而我们的生活位向是有这方面的需要的。有了这种简化的艺术，即便在虚无主义中，我们也能为自己定向，也能活下去。但这实际上与真理无关，而是关系到一种行动能力。

第三部分讨论尼采的视角主义（Perspektivismus），在视角主义意义上，真

8

理必然是复数的，是"诸真理"，而没有唯一的绝对的真理。"因为人们无法摆脱自己的视角，既不能企及超越种种视角的唯一真理，也不能通往来自其他视角的诸种真理。"视角之间不可通约，没有一个普全的视角。尼采这个看法具有彻底个体主义的立场，与后来的世界现象学大有区别。作者在此仍不忘再批一下海德格尔，认为海德格尔在《存在与时间》中把真理从判断转向了此在，完成了对真理的再存在论化，而且把晚期海氏的作为"澄明"（Lichtung）的真理视为一条歧途。

第四部分涉及卢曼的真理观。卢曼不算一个严格意义上的哲学家，而是社会理论家。斯泰格迈耶教授说，卢曼甚至没有提到过尼采。但为何说尼采的真理问题要谈卢曼呢？斯教授说，是因为卢曼继承了"尼采对哲学和社会学的去理想化和去道德化"。而且与尼采一样，卢曼也把真理问题视为理解和交往的可能性条件问题。如果每个交往者都有不同视角，那么理解就是不可能的，交往就是偶然的。没办法，为了使彼此交谈、交往成为可能，就必须假设一个真理，不然无法交谈和交往。卢曼因此区分了两级真理："作为交往媒介的真理与作为这种媒介的各种形式的'诸种真理'"。这种讨论让人想到当年伽达默尔对德里达的指控的回应：你既然来跟我讨论了，就是为了理解，理解就是了共识，就是含着同一性。在卢曼看来，真理无非是一"媒介"，就好比金钱："经济在金钱的媒介中发生，交往则在真理的媒介中发生。"这个对比蛮有意思的。

第五部分又回头来谈尼采。在他最后的著作《瞧，这个人》中，尼采口出狂言："真理通过我来说话。"这时候已经濒临癫狂。我们知道尼采自视甚高，比如经常自称为"天才"，比如把自己的《查拉图斯特拉如是说》称为"第五福音书"，等等，但现在竟然说"真理通过我来说话"，类似于耶稣之言：我就是道路、真理和生命。斯泰格迈耶教授对此做了不同的解释，可以说为尼采做了一种辩护。斯教授认为，尼采并不想成为宗教创始人或者作为"立法者"的哲学家。不然他就会陷入自相矛盾。因为以"柏拉图主义"为本质特征的形而上学（希腊哲学和希伯来神学）构成了"千年谎言"，尼采发现了这种虚无主义的谎言，即不存在唯一的真理（die Wahrheit）。好了，这时候尼采的牛气来了：他熟悉这种虚无主义，所以他能帮助其他人在虚无主义中适应和完成生活定向——尼采依然认为自己"档次"（Rang）高。斯教授最后说：尼采和卢曼提示了一点：非—决断性（单一必然性）意义上的真理——唯一的真理——是虚假的，对已经看透这个谎言，并且具有优越的定向和能力的"自由精神"来说是虚假的；而其他人则明显需要"唯一的真理"。

做了上述总结以后，我下面试图就斯泰格迈耶教授的演讲来提出几个问题，求教于斯教授，也供各位思考：

第一，海德格尔的尼采解释是否确当？对此学界一直多有争议。斯泰格迈耶教授认为海德格尔的解释有误，而且提出了论证。我说了斯教授的论证是有道理的。但同样地，我们也应该来看看海德格尔的论据，至少就海德格尔在《尼采》两卷本里做的论证，它们同样有力，可以支持他对尼采哲学的形而上学解释。更重要的是，尼采哲学的核心恐怕还不在于"权力意志"学说，而在于"相同者的永恒轮回"学说，因为正是在后者中，尼采完成了自己的非柏拉图主义的实存哲学构造。而在这一点上，海德格尔做的解释却是令人赞赏的，因为他成功地把尼采哲学纳入了"实存哲学"路线。

第二，海德格尔把真理再存在论化/存在学化了吗？我当然同意斯泰格迈耶教授所说的，海德格尔在《存在与时间》或者说前期哲学中把真理与此在存在状态联系起来，从而把真理问题存在论化/存在学化了；在后期思想中，海德格尔把真理视为存在之真理，把艺术思为存在之真理的发生方式，我们自然也可以认为，海德格尔由此以存在论方式把真理概念扩大了。这一点没有问题。不过，我们也不要忘了，海德格尔恐怕也是第一个专题讨论尼采那儿作为"公正"

（Gerechtigkeit）的真理概念的，虽然在尼采哲学中，"公正"论题本来是语焉不详的。斯泰格迈耶教授为何故意回避了这一点？其实在我看来，对于尼采的视角主义，甚至对于后来现象学所讨论的视域—境域（Horizont）问题，必须提出"公正"问题。这种"公正"当然不是任何意义上的伦理概念，而是"超越善与恶的细小视角"的视角主义的概念。

第三，本文主题"真理与诸种真理"构成的结构是否是形而上学的？斯泰格迈耶教授在本次演讲中把尼采与卢曼当作同路人，形成了一个"双层"结构，即一种真理与诸种真理。即便在 20 世纪的思想语境中，这种"双层"之分也是十分普遍的，比如海德格尔区分"存在之为存在/存在本身"（神秘）与"存在者之存在"（天与地的世界），比如说阿佩尔区分"理想的交往共同体"与"现实的交往共同体"等，都是一个"双层"结构。这种"双层"结构有一种"再形而上学化"的风险。就像斯泰格迈耶教授最后说的，对"自由精神"来说唯一的真理是虚假的，而其他人则需要这种真理，可见这种"双层"结构也具有政治意义。如何避免这种"双层"结构导致对哲学的再形而上学化以及政治上的精英主义？我想无论是对尼采、海德格尔来说，还是对其他20世纪思想家来说，都是一个十分纠缠的问题。

海德格尔与技术世界[1]

本次研讨会的主题是"海德格尔与中国",不知道是谁命的题。这个题目已经相当老旧了,特别是1990年代,大家一窝蜂谈这个题目,尤以张祥龙教授的《海德格尔与中国天道》为代表。以前熊伟先生的谈法也大致如此,他总是喜欢把马克思、海德格尔

---

1. 本文原为2018年8月16日上海书展上与陈小文教授关于《海德格尔文集》出版的对谈,后根据对谈提要扩充成文,提交给北京大学主办的"海德格尔与中国"研讨会。未发表过。

16

与老子并置，说这三位哲学家的思想旨趣是一致的。可见这是北大的海德格尔传统。我看到为准备本次研讨会，陈小文教授在微信里拉了一个群"海德格尔在北大"，似乎是要让我们来缅怀一下这个北大传统。但随着陈嘉映教授出走，张祥龙教授和靳希平教授退休，现在海德格尔研究好像已经不在北大了，往远处说，好像也不在德国了。不过话说回来，要说"海德格尔与中国"，如果以后要来写思想史的这一段，我们还得回到北大来。

在《海德格尔文集》30卷出版的前后，我又有机会谈了几次海德格尔，诸如"我们为什么还要读海德格尔？""未来才是哲思的准星——海德格尔与人类思想的前景""海德格尔的思想进展"，等等，有好几篇，这些讨论大致都与"海德格尔与中国"这个题目相关。接着怎么说？再说也不会有啥新意了。

所以今天我是硬着头皮继续说，努力说点新鲜的，光是讲题就拟了好几天，也够苦的。

海德格尔是 20 世纪两大思想家之一。据好几年前的一个统计，世界上有关海德格尔哲学的研究文献已达到第一名，超过了有关柏拉图、康德、马克思等哲学大师的研究文献。我有点奇怪的是，海德格尔文献居然超过了马克思。另外，因为在纳粹时期担任过 10 个月的大学校长，海德格尔经常被当作政治上的坏蛋。海德格尔去世后，随着《海德格尔全集》的陆续出版，特别是他的讲座稿和遗著的出版，他经常成为公众争论的热点，有人甚至怀疑，这是他自己生前计划好的，一点点有节奏地往外发布自己的遗稿。不过，名声大、争议多，自然还不是我们要读海德格尔的理由。我们要关注他的思想的"未来性"。海德格尔经常表扬荷尔德林，说他的诗歌最具"未来性"。如果说一个思想家的思想不是未来的和为未来的,那么他就还不够格。

海德格尔当然是够格的思想家,我曾经在什么地方讲过海德格尔思想的三大进展,即把海德格尔在哲学/思想上的"实质性成就"或"重大推进"表述为三个"重构",即:实存—本质关系的重构、思—诗关系的重构、思—信关系的重构。我这个概括的侧重点在"方法"或者"套路"。

今年8月16日在上海书展上,我跟陈小文有个对话,我又变着法子说了一回海德格尔的思想进展,盖有四点:1.新的物观和世界观。我指的是关联性思维的开启。海德格尔继承胡塞尔的现象学,完成了欧洲思想方式的重大突破,即克服超越性思维,走向关联性思维。2.关于人的新理解。海德格尔是实存哲学的集大成者,在其前期哲学中融合了现象学和实存哲学，把实存论个体言说的成果系统化了，在后期思想中则试图重新规定人的地位。3.深邃的技术之思。海德格尔把技术问题理解为现代性之核心，对现代技术做了一种形而上学意义上的深度讨论，影响深远。4.为未来的思想家。海德格尔是未来世界思想之开拓者。他的"本有"（Ereignis）之思，既是对我们所处的技术世界的反应，也是他面向未来世界的思想努力的集中体现，他的思想具有指向未来的力量。

　　今天就不想再讲这些了。怎么办？我想把问题集中到一点：对于今天这个越来越技术化的世界，海德格尔的思想还有意义吗？如果没有，还开什么会？还出什么30卷中译本？当然你会说，任何思想对于今天的生活总归是有意义的，因为我们活在传统和历史中，但我没想那么多，我只想追问一下：海德格尔对于我们今天的生活，对于生活世界经验的重建有何直接有效的意义？

回头一看，我这个问题仍然跟上面与陈小文的对谈中的第一点和第三点相关。好吧，我就只好来重复了。

从思想史角度来说，海德格尔哲学所取得的最大进展在于：克服超越性思维，开启关联性思维，或者一种新的物观/世界观。这是主要由现象学完成的欧洲思想方式的重大突破，其意义依然可以大书特书。从物的角度，西方哲学经历了古典的自在之物、近代的为我之物（对象），以及20世纪的关联之物三个阶段。前两个阶段，我们称为存在论/存在学和知识论/主体性形而上学，根本上都是一种"超越性思维"，无论古典的"实体—属性"和"形式—质料"的规定，还是近代哲学的被表象性或者对象性规定，都是要对物作一种"形式超越性"的把握。"超越性思维"有何特点？这个大家都清楚了，其实就是本质主义—普遍主义，也可称为理性主义；另外就是形式—概念化的思维和表达。概念化思维和表达也没什么不好，不过，概念是普遍的、僵固的，容易欺负个别的和动态的东西。这是概念化思维和表达的问题所在。这也是艺术家贾科梅蒂的担心，他曾说过：我们不会直接看物了，我们只通过认识、通过概念来看物。不通过概念思维，还能有别的办法吗？

我们说了，"超越性思维"是一种普遍化思维。现象学家胡塞尔就说这种思维有两个样式：总体化与形式化。每个民族都有自己的观念世界，问题在于，这个观念世界是怎么构成的？大概除了希腊的欧洲，其他非欧的民族都没有生成形式化思维，而只有总体化这种样式。我最近有两篇小文章，是谈中国哲学的，基本用意是要拓展胡塞尔的"总体化"方法，认为"总体化"不但是经验科学的，而且也是实存哲学的，也是诗意观念构成方式，甚至是神话和宗教的观念构成方式。胡塞尔的想法太科学、太知识了。经过我们扩大的"总体化"方法，就把中国传统哲学的观念构成方式包含其中了。于是，简单地说"中国古代没有哲学"，就不对头了，因为哲学不只是"形式化"思维。

海德格尔对胡塞尔的总体化与形式化的区分有所不满，提出了第三种普遍化方法，即所谓的"形式显示"，是要为实存现象的描述和讨论提供一个方法基础。实存现象和生命经验的特点是个体性和动态性，如何描写之？海德格尔提出"形式显示"，形成所谓"形式显示的现象学"。它同样希望获得普遍意义，就它的普遍意义并未达到形式科学的普遍性而言，它仍旧属于"总体化"，或者说属于我前面讲的扩展的"总体化"。

海德格尔的"形式显示的现象学"强调"关联意义"和"实行意义"，"关联意义"是由胡塞尔开启的现象学的思考方向，而"实行意义"是海德格尔在实存哲学意义上加进去的。海德格尔当然会突出"实行意义"，但从思想史的角度来说，"关联意义"是更具突破性的一步。也正是因为有此突破，海德格尔成了实存哲学的集大成者，在其前期哲学中融合了现象学和实存哲学，把实存论个体言说的成果系统化了。

对于关联性思维，我想补充说一说。首先，"关联"不仅是物—我关联，而且也是物—物关联和我—我（我与他者）关联。这差不多就是"万物互联"了。其中的核心当然是物—我关联。物—我关联而有世界（物—物关联与我—他者关联），此在在而世界在。于是有人就指责海德格尔忘掉了我—我（我—他者）关联即"共在"。就《存在与时间》中表达的"关照"（Sorge）结构来说，这种指责多少有点冤枉了海德格尔。其次，海德格尔在《存在与时间》中重点讨论的"物"是手工物，即器具，物—我关联其实是器具—我的关联；1930年以后，海德格尔讨论的重点也还是手工物／器具，但思考的重点已经变了，重点在于区别手工物与技术物——海德格尔故意不说"技术物"，而说"技术对象"。

以我的理解，海德格尔后期关于"物"的思考是他的技术之思的出发点。这里的关键是自然的生活世界与技术化的生活世界的区分。在自然的生活世界里，作为器具或手工物的"物"是意义的载体，是具有殊异性、稳重性和关联性的，而千篇一律的技术物（技术对象）却无法承载意义，失去了手工物的殊异性和关联性，会使我们的经验空转。难题是：如何使技术物（技术对象）回归自然的生活世界而重获意义？

怎么办？海德格尔仿佛说没办法，只好 let be。后来也说，要我们人唤起一种"不要"的能力。这都表明海德格尔的技术哲学是"中道"的，是典型欧洲式的。斯蒂格勒关于"负熵经济"的主张也是依循了这个道理。

海德格尔早就开始了今天的技术世界的思考，依照他的理解，尼采也早就开始了这种思考。海德格尔有一段话说尼采的"末人"与"超人"："对超人而言，本能是一个必需的特性。这意思就是说：从形而上学上来理解，**末人**归属于**超人**；但却是以这样一种方式，即：恰恰任何形式的动物性都完全被计算和规划（健康指导、培育）战胜了。因为人是最重要的原料，所以就可以预期，基于今天的化学研究，人们终有一天将建造用于人力资源的人工繁殖的工厂。"[1] 这是海德格尔的天才，因为他说这番话时还是在 20 世纪的三四十年代，现代技术处于大机器和电气化生产的末端，其时计算机、互联网和人工智能都还没有开始，生物技术尚未真正地发达起来，基因工程还根本未见踪影，甚至原子弹也还在研制中。

尼采的"超人"（Übermensch）是对以往人类——即"末人"——的克服，但在海

---

1. 海德格尔：《形而上学之克服》，载《演讲与论文集》，孙周兴译，商务印书馆，2018 年，第 101 页。该文作于 1936—1946 年间。

德格尔的理解中，尼采又令人奇怪地赋予"超人"以"自然性"的意义。这是怎么回事呢？仿佛在海德格尔看来，尼采的"末人/自然人"的特征是"向上超越"(传统宗教与道德)；而"超人"的"忠实于大地"则是指对人类自然性的保留。如果是这样，那么我们现在就不得不承认，尼采天才地预见到了自然人类向技术人类过渡的核心命题，也即"超人"身上的自然性与技术性的二重性(Zwiefalt)。"末人"将通过计算和规划而被克服，而"超人"将通过"忠实于大地"而成就自己。"超人是大地的意义"——为何要忠实于大地呢？恰恰表明了"末人"与"超人"的共属关系，或者说"超人"身上自然与技术的二重性。

今天我们就真正面临这个问题了：自然人被规划、被计算，而未来新人正在路上，我们还不知道他是谁——尼采管他叫"超人"。海德格尔跟着尼采说，"末人"（自然人）与"超人"还得互动起来，人类或还有一点儿希望。

哲学已经是人类普遍的心智现实

——关于中学生与哲学的采访[1]

记者按：我们即将出刊的双周纸刊将以"刷新高中生"为专题。受教育的过程应该是幸福的，而不是一谈起来就是学生压力山大，父母忧心忡忡，资源不合理地倾斜。但回到教育的真谛与本源中来观察处于关键阶

---

1. 系作者接受《南风窗》记者刘肖瑶关于"中学生与哲学""哲学适合于少年吗？"专题的采访稿。部分内容被录入该记者撰写的《小心那个高中生，别被他一哲学抽脸上》一文中，载《南风窗》，2021年8月12日，澎湃网、搜狐网等媒体有转载。

段的高中，即便是辛苦的，也是情愿的、快乐的，人在其中是在追求自我完善和自我创造的。这是我们这期策划专题的核心精神所在，也是我们想要传递的希望。青年朝气蓬勃，是中国社会未来的希望，现在的高中生全部都是零零后，完整的新世纪新人类，我们要刨除被规制、被塑造、被框定、被教育、被管理的传统观察角度，走进他们的生活，走进他们的内心，用对待成年人的态度去对待他们。

本文将采访多名对哲学感兴趣的、加入哲学社或撰写文章的高中生，从多个方面与角度呈现当代不一样的高中生群体，进而对当下教育环境、体系进行一些深入观察与反思。这次我们也有幸联络到同济大学孙周兴教授，因为我们前几日读到孙教授的一篇在上海市七宝中学讲授哲学课的课堂内容整理文稿《为什么现在的年轻人不喜欢哲学？》。[1] 本次对话也希望能围绕这篇讲稿，邀请孙教授来谈谈他眼中的高中群体与哲学的关系。

一、爱读哲学的高中生

记者：您谈到曾有一个浙江高中生和他的家长来找您询问关于哲学的问题，能否更详细地分享一下，那是怎样的过程？那位学生有哪些所思所想、都说了什么令您印象深刻？在您接触过的孩子里，拥有明显哲学思辨能力的学生，或者对哲学感兴趣的孩子，在言行、学习方法等方面有哪

---

1. 此标题有误，原为"你说这世界上最美好的东西是什么？"，载孙周兴：《一只革命的手》，商务印书馆，2017年，第342页以下。

些明显不同？他们身上有哪些比较鲜明的特点？

孙周兴：确有其事。这个学生很优秀，高中就开始学习哲学，十分投入，阅读量很大，但这个故事我不想在这里再讲了，因为涉及个人隐私，不便到处宣扬的。我只能讲讲一般情况。一般而言，我们的中学生多半在考试机器里打转，没有闲暇来关注课外的东西，尤其是到了临近高考的那一年。不过，确实也有一些早熟的和聪慧的中学生，中学教学的内容满足不了他们，他们有闲暇和能力进入更广泛的知识领域，包括对哲学的关注。这些中学哲学爱好者不在多数。比如你说的上海市七宝中学，我曾在那里做过一个报告，据说它是上海市前几名的中学，学生素质是相当高的，其中有少数学生心有余力，就成立了一个"哲学社"。

我平常也接触过一些爱哲学的中学生以及学生家长，但令人放心和令人欣喜的个案不多。在我的观感中，心智早熟的学生多半身体偏弱，骄傲自负，而且性格较为偏执，在"常人"看来就比较"异常"。他们经常钻牛角尖，喜欢辩论、抬杠，思考和言谈总是趋于极端。一旦出现这种情况，家长就十分无奈，不知所措，甚至会怀疑自己的孩子是不是得了精神病。这样的案例我见过不少。我们不可把这种情况简单化，不能说这些中学生是被哲学所害的，但我愿意认为，他们所想象的"哲学"或"学术"对他们并无好处，或者说好处不多。另外，我们也不能把这事想得太严重了，这类中学生的情况多半也是少年精神状态的表现，也许需要适当的引导和正常的对话。

二、哲学与应试教育

记者：在我采访的学生里，他们会自动将自身归类为"国际生"或"体制内"中学生，且都认为两种情况下对哲学的兴趣是不一样的，前者似乎更多地出于申请国外学校的目的，而"体制内"中学生的情况却是不一样的。想请教您怎么看中学生与哲学之间的距离？哲学能为应试体系里的学习、思考提供哪些帮助？关于今天的一个流行词"做题家"，您有何看法？在我们的中学里是否也可以出现"哲学家"？他们应该是什么样子的？

孙周兴：哲学本质上是"说理"，哲学的"说理"包括"论证"和"辩护"，碰到事多了和重了，才需要论证和辩护。通过讲理的哲学，我是要为自己的关于事物和世界的看法提供论证，要为自己的行为做出辩护。为什么我持这样的看法？为什么我有这样的观点？我得说出一二三点来，不然会成为无效言说或胡言乱语。我要不要做这件事？为什么我要这样行为？我得找到一二三个理由，不然就会不好意思行动或胡搅蛮缠。有不怎么严格讲理的哲学，比如我熟悉的尼采哲学和海德格尔哲学，其推论性和逻辑性比较弱，但依然在讲理，我把它称为"弱论证—弱推论"的哲学。哲学的本质决定了它的稳重归一的特质。

　　我一直认为哲学是成人的事情，不是少年的事情。为什么呢？因为哲学的思考总是跟我们生活当中比较阴沉的、比较痛苦的，甚至比较悲伤的经验和感受联系在一起。彻底的哲学思考是与关于死亡的思考联系在一起的。所以，哲学在一般意义上并不适合年轻人，因为年轻人还不够稳重，不够阴沉，青春期太过热情奔放，经历的事也还不够，更缺乏生生死死的经验。这大概是你说的"中学生与哲学之间的距离"了。然而另一方面，个体心智差异很大，人的心智水平和发育状况是不一样的。一个高中生喜欢哲学，而且真的读进去了，甚至沉迷于此，应该说是心智早熟的表现，我不认为这有什么可奇怪的。万一以后成长为"哲学家"，当然也是好事。

在个体成长过程中，教育总体上是消灭个性和差异性的过程，这大概是全部教育制度的"痛病"，好像没有什么例外，只是在这方面，我们以"高考"为中心的教育体系对于个体的"救平"作用是最严重的。在这个应试教育体系里，青少年都被搞成"考试机器"，或者你说的"做题家"了。他们被格式化了，只会记应试"知识点"，没有文本理解能力，缺乏创意和想象；他们也没有得到生命伦理方面的教育，缺少生命责任、共情和爱的能力，等等。总之问题蛮多的。我在大学里工作近40年了，这方面的体会是很深的。大学要改变原本作为"做题家"的大学生们的思维定式和心智习惯，摆脱应试状态，大概得花二三年时间，刚刚拗过来，他们也快毕业了，开始找工作了。这真的让人无语。

现代教育的设计是有哲学观念的，尤其是现代大学，自威廉·洪堡创立柏林大学（1809年）以来，一直秉持自由主义的教育理念。这个原则大抵是无争议的，尽管各国各族的大学对此原则的理解和实行各有差别。但在基础教育阶段是不是要贯彻自由主义原则？对此的争论就会多很多，尤其在中国，一些人会倾向于认为未成年小孩在成长过程中更需要规训和惩戒，基础教育阶段的自由主义主张经常会被理解为毫无纪律的放任和放纵。但我依然愿意认为，保护个体差异这样一个自由主义的要求是值得确立和维护的。

家庭、学校以及其他社会组织都应该最大限度地容忍"异常"和"另类"，这不光是因为，只有"异常"和"另类"才是人类的创造状态，而且也因为，对"异常"和"另类"的宽容就是对个体个性的维护和支持。哲学对于日常生活而言始终是"异常"，即便在成人世界里，哲学家／哲学爱好者也是"异类"。

三、中学教育里需要哲学思维训练吗？

记者：在您看来，备战高考的整个学习体系，与哲学思维训练之间可以存在怎样的关联？在一个拥有相对固定范式的思维训练系统里，我们的学校（包括老师、家长与课程）能做出怎样的引导，以期靠近真正的独立、自由的思考环境？我们国家的学生（在应试体制内）可以怎样接触与学习哲学？中学生需要怎样的启蒙？哲学训练如何可能更好地融入中学教育？

孙周兴：你的问题太密集了，我只能挑自己能说的，随便说吧。我前面讲的是自觉主动地学哲学，它更多是心智成熟的成年人的事，这就是今天读哲学博士的多半是成年人的原因。大部分年轻人是不必专门学哲学的，但这并不是说，他们没有学哲学或者没有哲学，而是早就"被哲学"了。换句话说，即便不读哲学，中学生也脱离不了哲学。为什么？因为作为科学的母体和基础，哲学是无所不在的，比如算术和几何学是古希腊传下来的"形式科学"，它们的核心是哲学的"形式化"思维。这就是说，只要你"上学"了，就在学哲学了；哪怕你没"上学"，而只是在学说话和交流，你也已经"被哲学"了。

对个体而言，积极主动地学习哲学当然是更好的事。哲学家康德把"独立思考"作为"启蒙"的定义，而"独立思考"的前提是"自由思考"。哲学是一门需要独立思考和自由思考的学问，但就像游泳需要教，思考同样也是需要培养和训练的，批判性的思考需要训练。这应该是学院哲学和哲学专业存在的理由。

我不反对中学里有哲学教育，因为我已经讲了，哲学实际上已经包含于基础教育中了，特别是形式化思维的训练，贯穿了基础教育的全过程。就此而言，我们中学里的哲学不是少了，而是已经太多了，比如我们不断加码中学阶段的数学内容，恨不得在中学里完成大学数学教学。如果此外还一定要加入"中学哲学教育"，我的建议是，它应该致力于两个方面：第一是科学哲学教育，就是要把知识／科学的本质和来源弄清楚，比如几何的本质是什么？算术和代数的本质是什么？为什么要把几何代数化？等等。第二是生命哲学教育，包括生命哲学、死亡哲学、爱情哲学等内容，就是要追问生命的本质、意义，个体对他人和自身的责任等。遗憾的是，这些哲学思考在我们这里是缺失的。

哲学根本上是要养成生命策略 [1]

今天是 2022 年最后一天，浙江大学生命哲学班第二期的开班日。这个安排不错，因为过了今天就是新的一年。

刚刚王俊院长已经代表浙江大学哲学学院对大家表示了欢迎，并且介绍了哲学学院以及我们这个生命哲学研修班的基本情况。我在这里就代表任课老师，对各位表示欢

---

1. 2022 年 12 月 31 日在浙江大学生命哲学研修班第二期开班仪式上的致辞。未发表过。

迎。去年上半年，我和王俊院长商量，组织一个"生命哲学研修班"。没想到竟然成了，这是我来浙江大学做的第一件事。我们这个班的任课老师不光是浙大的，浙大教师大概会占到三分之一，其他是我们在国内邀请的老师。第一期的课程快结束了，总体反响不错。

为什么要办这个班？其实是有我自己的考虑的。刚才听了各位学员的自我介绍，都是很有意思的人物，而且没有一个哲学专业的。其实我自己也不是，我是浙大地质系毕业的，是理科生，上个世纪 90 年代我就在老浙江大学工作了，2002 年我从浙大调到了上海，疫情暴发以后我决定重回母校工作，躲到杭州山里来了。这期间我形成了一个判断。在今年上半年生命哲学班第一期的开班仪式上，我也讲了一番话，整理后被发到网上，流传很广，标题叫"文明进入下降通道，生命必须抵抗愚蠢"。这个标题正是我在讲话中脱口而出的一个判断。这大概是我对当代技术文明的基本看法。所谓"文明进入下降通道"，却不一定是完全否定的和消极的。"下降"不一定不好，"上升"也不一定就妙。工业革命以后的人类文明在现代技术的裹挟下一直在"进步"和"上升"，历经200多年，大概也是到时候了，它也应该"下降"了。差不多就是这个意思。文明的下降当然意味着生命的下降，哲人尼采当年就已经看明白了，他用了"颓废"一词来描述我们说的人类文明的"下降"和生命的"颓败"。

这个班的发动也跟我的一个教育理念有关。我最近刚编完了一本书，书名叫《为未来的大学》，大概马上可以出版了，我在书里就提倡"公民终身教育"。[1] 我觉得一个国家的教育是否成功，有一个特别重要的标志就是，能不能为公民终身教育服务。中国有 2900 多所大学，按照我的推测，未来二三十年里至少得关掉三分之一，新生小孩越来越少，生育意愿越来越弱，许多大学以后就招不到学生了。另一方面，人类的寿命却是越来越长，会长到你怀疑人生。在这种趋势下，大学应该怎么办呢？我认为只能走公民终身教育之路。其实在欧洲特别是在德国，大学已经做到一点，公民在任何年纪都可以申请上大学。很遗憾，我们的国家教育还没有完全实现这个理想，这是我们的教育失败的一个方面。我希望尽快改变这种状况。

在我所谓的"公民终身教育"中，哲学

---

1. 该书已出版，浙江教育出版社，2024 年。

可以说是重中之重。因为哲学总的来说是为成年人的，是需要成熟的心智的。你看我们的哲学系，曾经很难招到第一志愿的本科生，最近一些年情况稍好些。但硕士生和博士生的招生一直以来都十分热闹。我早几年在同济大学，我们哲学专业招收博士生，竟然连续几年到了10比1的录取比例，成为全校所有专业中最难考上的。大部分考生都不是本专业的，都是各专业的成年人，特别好。当年在同济还有一个好处，我们单独设了一个成年人学位型博士生系列，每年约有10个名额，可以招一些成年人攻读博士学位。我招的最年长的学生进校时已经57岁，是校史上最年长的博士生，现在已经毕业，他的博士论文马上要出版了，已经成为在专业领域有相当影响的学者了。刚才线上讲话的深圳的吴先生，他的一个朋友是我的在读博士生，年纪比我还大半岁，读书量巨大，对学问的热爱胜过导师。我觉得这样特别好。他们真的是对哲学无比热爱，而哲学是特别需要热爱的。哲学是最打动人心的，但对大部分年轻人来说未必，因为一般而言，年轻的心灵偏向于热情的想象，而哲学的基本特质在于论证和辩护——哲学是对外部世界的论证和对内在世界的辩护。论证和辩护就是讲理，讲理倾向于稳重可靠，也要求确定和严密。年轻人的心思还不在于此，年轻人不爱做这件事，所以我说，哲学是成年人的，是为成年的。

同时，我最近也经常喜欢说：哲学是每个人的。我这个表达套用了当代艺术大师约瑟夫·博伊斯的一个著名说法：人人都是艺术家。我想说：人人都是哲学家。为什么？每个人都是创造性的个体，同样地，每个人都是进行哲思的个体。如果按我刚才的说法，哲学的基本工作就是论证和辩护，那么，我们每个人在日常生活中都已经在做哲学。更不用说，哲学是知识或科学之本，知识或科学是从哲学的母体里生长出来的，所以哲学渗透于我们的教育体系中，甚至也充溢于日常话语和表达中，就此而言，通过教育和日常交流，我们早已经被哲学规定了。

人人都是哲学家——人人都已经是哲学家。那么为什么还要学哲学？各位为什么要来参加我们的生命哲学班？刚才各位同学讲话，其实每个人都很哲学，我们每个人都不一样，都有自己的个性，这就是我们这个班有意思的地方。我觉得中国社会一直没有建立起个体性和个体意识，但哲学以及对哲学的热爱是可以帮助我们建立个体性的。各位今天的发言让我很感动，每个人都不一样但每个人都在做一种思想的努力。

最近几年来，文明已进入一个高度不确定的状况，这种状况实际上主要是技术带给我们的。对我们自然人类来说，我们的不确定性和风险来自自然，是自然风险，比如火山、地震、海啸之类，自然充满着不确定性，我们只能尽力规避，但难度极大。最后没办法，我们只好采取尼采所谓的"自欺"方式来安慰自己，其实神话、宗教和哲学都有这种"自欺"功能。但是，今天文明的风险可谓"技术风险"，"技术风险"其实有着更大的和更隐蔽的不确定性，只不过它多半被技术乐观主义蒙蔽了。

记得尼采有句话："人是尚未被确定的动物。"但人总是在寻求某种确定性，因为人们确信：具有确信的生活才是稳靠的。正如维特根斯坦所言："倘若你想怀疑一切，那么你也就不会达到怀疑。怀疑游戏本身已经预设了确信。"在自然人类文明中，人通过哲学、宗教来寻求确定性。哲学提供的是外部世界的稳定性意义上的确定性，而宗教提供的是人终能得救这样一种确定性。哲学构造一个形式—观念的世界，而宗教虚构一个彼岸—神性的世界。今天这两种确定性方式都被怀疑了，都动摇了，我们大概只有一种技术的确定性了，在今天就是数字—数据的确定性（数字确信）。尼采曾说，为什么我们要数数？就是为了寻求某种恒定性。这是一个特别有意思的说法。但这种数字确定性是真的确定的吗？今天我们面对一个新技术世界，一种新生命形态，我们需要何种确定性？

自古以来，生命或生活一直都是问题，在技术统治时代就更成问题了。在今天这个技术主导的生活世界里，哲学的存在确信和宗教的救恩确信渐渐丧失，我们如何寻求确信或确定性？如何做到有把握地生活？如果哲学不再是寻求"存在确信"的哲学，那么是何种哲学？正如我们说的，在存在确信和救恩确信丧失之后，数字确信成了新时代的确信方式，但数字确信是来自变幻莫测的虚拟世界，本身带有某种虚幻性。这大概是我当时在设想我们这个生命哲学班时的基本动机，实际上也是我内心的纠缠。

所以我很期待这个班，因为我们是一个研究共同体，刚才王俊院长说是学术共同体，实际上是研究共同体，它里面最核心的东西，是自由研究，还有一个作为共同体的基本的要求：友爱。我们生命哲学班的第一期做到了这一点。我说我们是一个共同体，并不是说我们有一批国内一流的教授，教授我们是严格挑选的，当然很重要，但更重要的是，我们有在座各位朋友，有对生命问题进行哲学思考的同学们，我们一起来构造一个学术研究共同体。我对此充满期待，我觉得我们一定会比一期做得更好，因为我们现在有经验了。

在 2023 年即将到来之际，祝各位学员新年快乐，明年我们在杭州见！

哲学就是我们的日常

行动[1]

——《读品周刊》记者的一次采访

记者按：孙周兴讲话没有术语，也不援引高深的理论。这位因译介、研究尼采和海德格尔而著名的哲学家，语言平实得人人能懂。似乎，经过在哲学之林漫长的跋涉后，他更乐意用明晰和轻松去脚注自己。友人郁振华教授就用了"明快的哲思"来评价孙周

---

[1] 系作者 2022 年 11 月 30 日接受《读品周刊》记者白雁的邮件和电话采访稿，刊于《读品周刊》，2022 年 12 月 4 日，同日又刊于《今日头条》。刊出时限于篇幅，编辑做了删减。收入本书时做了一些改动。

兴的著作《人类世的哲学》。

"明快"，是孙周兴在现阶段呈现出来的色彩。他经常不无玩笑地跟人说："如果你晚上睡不着，就读尼采和海德格尔，他们的文字让人感觉有些意思，但又不太好懂，于是你在床上读上一两页，就睡着了。"他特别愿意推荐的枕上书，是他翻译的尼采《查拉图斯特拉如是说》和海德格尔《林中路》《在通向语言的途中》，因为"要治失眠，最好看这种有趣又不好懂的哲学书"。

哲学家当然不仅仅关心人类的睡眠。这些年来，孙周兴将研究重点放在"未来艺术"和"未来哲学"，分别是对扩展的当代艺术概念和人文技术哲学的表达。在"不确信"的世界里致力于寻求"确信"，这是他作为哲学家的日常行动。

记者：您本科学的是地质学专业，为何后来选择了以哲学研究为志业？

孙周兴：我出生在绍兴南部山区，1980年考入浙江大学地质学系区域地质专业，当年地质专业不受欢迎，少有人报考，我却是自己选了这个专业，不过完全是出于无知，只觉得农民学地质蛮合适的。结果入学没多久，我就意识自己对这个专业完全无感，大学四年一直处于被动应付的状态，那年头也没有转专业一说，于是只好靠文学（诗歌和小说）混日子。现在想来不无后悔，本来应该在地质专业上多下点功夫的。1984年本科毕业时，我报考了中国现当代诗歌方向的研究生，英语成绩未上线。这是我的另一个遗憾，本来应该在大学四年里把英语学好的，省得以后不得不补外语的课——后来为了哲学，只好新学一门外语。

大学毕业后我去了山东泰安，供职于山东矿业学院（现为青岛的山东科技大学），在煤田地质系教书。当时我21岁，哪会讲课？加上学业不精，同时对诗歌的热情也降落了，故苦闷是难免的，于是就想着改变。有一阵子对自然辩证法有了兴趣，读了一些自然哲学方面的书；有一个偶然的机会，在图书馆里读到熊伟先生翻译的马丁·海德格尔的几篇文章，刊于1960年代的《哲学译丛》中，十分喜欢，因此转向德国哲学，并且开始学习德语。又有一个偶然的机会，读到刘再复先生《性格组合论》前言中提到我母校的哲学副教授刘锡光先生，便与刘老师取得联系，报考了他的研究生，1987年入学，回到了浙江大学。

　　现在看来，我学地质专业，又从地质学转向哲学，是由好多偶然机缘促成的。

记者：地质专业的基本素养对您后来的哲学研究有没有影响？

孙周兴：我没学好本科专业，要是学好了，我相信地质学对我从事哲学研究会有更加明显的影响。尽管如此，我觉得地质学专业的四年学习和三年教学经历还是在我的学术研究和个人生活中留下了一点痕迹，比如我对于地球、地方和风景的关注，可能比没学过地质学的人们要多许多，又比如我对于土地的热情肯定比一般人要强一些，平常我喜欢玩石头和泥巴。2022 年我出版了一本《人类世的哲学》，借用了地质学上的"人类世"概念，讨论的主题是"技术与未来"，就有朋友来问：你要回去搞老本行了吗？

记者：您把自己的哲学研究历程和课题

概括为"尼采—海德格尔—当代艺术—技术哲学"四个领域，这四个领域之间的转向、衔接或者并行，在你的研究中是自然而然产生的吗？或者是一种有意识的规划？

孙周兴：我目前同时在做四块，就是你说的"尼—海—艺—技"，分别是四套书"尼采著作全集""海德格尔文集"和"未来艺术丛书""未来哲学丛书"，现在都还没做完。我先做的是海德格尔哲学，然后由海德格尔进入尼采哲学，然后由这两位哲人进入当代艺术和技术哲学，都是十分自然的。你也可以说我早就有规划了——确实我做事是有规划的，规划之外的事也会参与，也会应付，但尽量节制。再说了，我做的这四块已经无比宽大，已经忙不过来了。我今天和今后的重点会放在"未来艺术"和"未来哲学"，分别是我对扩展的当代艺术概念和人文技术哲学的表达。

记者：从时间脉络看，您的研究一直与学科热点、社会热点同频共振，作为明星学者和哲学家，您如何看待哲学与时代的关系？

孙周兴：你这话可能言过其实了，我可不是什么"明星学者"，对于学科热点和社会热点，一直没有刻意追赶。不过我做的四块，无论是德国哲学两大家，还是当代艺术和技术哲学，都还算"热点"。尼采在中国一直受到关注，读尼采书的中国人蛮多的，至21世纪又成学界热点，现在同时有三套中文版《尼采全集》正在翻译和出版中，包括我主编的《尼采著作全集》。海德格尔也一直是学术界的兴奋点，其影响是多方面的，在战后各大思潮中均有表现，在中国的影响甚至超越了哲学，涉及艺术人文学和社会科学各个领域。我主编的《海德格尔选集》两卷本（上海三联书店，1996年）和《海德格尔文集》30卷（商务印书馆，2018年）是国内海学研究的基本文献，尤其是前者产生过不小的影响。由博伊斯开创的当代艺术在我看来是20世纪最伟大的文化事件（没有之一），可惜在我们国内还经常受到非议。我主编的"未来艺术丛书"已经出版了十五六种，主要以欧陆当代艺术和艺术哲学的翻译和研究为主，我希望由此做些基础性的工作。技术哲学确实是最近一些年来的学界热点，但我做的是人文倾向的技术批判，与主流不合，也蹭不上什么热度。我的《人类世的哲学》大抵如此。

经常听说哲学是时代精神的反映。这差不多已经是老生常谈的废话了。哲学的功能之一是反思和批判，指向每个时代的精神状态和文明成果；哲学还有制定规则的作用，每个时代的各种制度形式背后都有哲学的观念设计；除此之外，哲学还有洞见和预测未来的意义，尤其是那些处于时代和文化转折点上的大哲，比如马克思、尼采等，他们的哲学不但具有对当代的批判之力，更具有面向未来的预见能力。关于哲学与时代，可能还是尼采说得好："哲学家知道我们需要什么，而艺术家把它创造出来"（大意如此）。

记者：近年来您策划、参与了不少当代艺术展，这些实践性经历对您的哲学研究有什么影响吗？

孙周兴：是的，因为各种机缘，我在中国美术学院兼职 20 年了，除了讲《艺术哲学》《未来艺术导论》等课程外，我也策划了不少艺术展。我跟友人寒碧先生合作，在上海成立了巽汇艺术空间，为王广义、尚扬、向京等著名当代艺术家做了展览和研讨；此外也在位于张江的ATLATL创新中心搞了一个本有艺术空间，也举办了一些展示活动。可惜因为疫情，我们的艺术展示计划已经中断两年多了。最近我和聂圣哲先生一道，在南京乙观艺术中心为艺术家刘春杰策划了一个有意思的当代艺术展，名为"无物之物——刘春杰'鲁迅主题'艺术展"，是2020年以来我策划的唯一的一个展览。

参与和组织这些艺术活动，对我来说首先当然是一个学习和接触当代艺术的机会，另外也推动了我对当代生活世界和当代文明的思考。对自然人类文明来说，哲学与宗教是主导性的文化要素，哲学提供制度性的结构力量，宗教为心性道德提供基础，而艺术则一直受到主流文化的排斥和挤压；而对技术人类文明来说，宗教的势力大幅弱化了，传统主流哲学通过科学—技术—工业得以全面实现，获得了全球性支配地位，艺术与哲学成为当代文明的关键要素，两者关系经历了一次根本性的重构，其核心在于哲学的艺术化与艺术的哲学化，或者说艺术与哲学的二重性。尼采早就看到了这一点，才会期待"艺术—哲学家"或"哲学—艺术家"这样一个"新人"类型；海德格尔则以"诗—思二重性"来重新表达这种新的艺术与哲学关系。有了这样的基本认识，我积极参与艺术活动就是十分自然的了，而艺术经验对于我的哲学活动当然也是大有裨益的。

记者： 这些年可能我们很多人都有一个非常深刻的体会，技术对于生活的干预无处不在，您一直关注技术统治时代的人类处境和个体自由，如果以哲学家的身份预判，你认为技术将把人类带往何处？在技术便捷和个体自由这二者的巨大矛盾之间，作为个体的人该如何行为处事？

孙周兴：这是个大问题了，我在此只能略说一二。我把这个时代的基本特征规定为"技术统治"，有别于传统社会的"政治统治"。政治统治方式当然还在，而且，由于技术工业造成马克思所讲的人类"普遍交往"，以"商谈"为基本途径的政治统治变得越来越广泛了；但与技术统治相比，政治统治的势力日益趋弱——当然，更多的情况是两者的相互纠缠。确认这一点十分重要，可以帮助我们确切地认识这个被叫作"人类世"的加速主义时代的基本样貌。

特别在最近一二十年，以人工智能和基

因工程为代表的新技术加速发展，人类已经被带入我称之为"普遍算法"和"普遍智能"的进程，数据主义／数字主义盛行，个人被还原和缩减为数字，个体自由受到严重威胁和伤害。我不认为这种技术进程是可抑止的，相反，我相信，当今文明中已经没有一种力量可以掌控或者哪怕延缓这个进程。技术给人自由，但也否定自由，这真的是今天和未来人类的一道难题。今天似乎已经看不到任何理由，可以让我们期待一个美好的结局。

但我们不可能就不活了。从自然人类文明的角度来看，技术统治时代就是虚无主义时代。虚无主义意味着个体被赤裸化了，失去了传统价值的保护。个体通过技术获得了在扩大的可交往性意义上的自由，但同时又通过技术而进入普遍数字化—同一化。我们需要承认这种两难，承认之后还得摆出抵抗姿态。

记者：手头正在做的相关研究和学术工作是什么，请简单介绍一下。

孙周兴：我手头的工作蛮多的，前面说的四块都在做。《尼采著作全集》已完成并出版了6卷，后面还有8卷，我约请了几位译者一起工作，力争明年上半年结束。《海德格尔文集》已经出版了原定的30卷，但还要补充做几卷。这两块都进入收尾阶段，以后我不会把重点放在编译上了。"未来艺术丛书"和"未来哲学丛书"每年都要出版几本。我自己还在写几本书，一本是《艺术哲学演讲录》，是我做的超星线上课程，据说已经有十几万人听课，但讲稿一直没有整理出版；另一本《未来艺术序曲》，写和讲了好几年了，希望尽快做完。在我近几年来推动的未来哲学方面，我已经出版了《人类世的哲学》，后续还要深化研究，也有一二本书要写。总之是很忙的。

记者：您在新近出版的《哲思的迷局：从现代哲学到当代艺术》一书"编后记"中说："我读书不多，似乎也不愿读太多的书"，我理解这是一种谦虚，但也相信这是您的真实感悟。您如何看待读书与生活、与学问的关系？

孙周兴：我有一个博士生比我大几个月，好像财务上已经自由了，有一次来我书房里，问我有多少本书，我说大概1万多本吧，他说，还没我多呢，我有8万多本。我说，那你是老师——他真的是特别爱读书，让我十分佩服。我倒不是谦虚，我读书实在不算多。回想起来，读书最多的时候还是大学时代，但那时候好书不多，也没钱买书。1987年我上了哲学研究生后也读得比较多，但因为专业需要，更多地要读德文书，读得又不顺畅，而且当年搞到外文书也相当不容易，我经常会去北京复印，而且把复印来的书装订起来，做成精装本。可见我还是爱书的。博士毕业后留校任教，我就多半只读与专业研究相关的书了。译书和写书成了主要任务，读书量自然就缩小了。

另外我确实觉得书（纸质书）的时代已经结束了。"读书"现在也数字化了，成了"视书"（视频）和"听书"（音频）。变化速度太快了，20多年前我的《海德格尔选集》印了3万多套，要放现在大概只能印3千套了。现在一些学术书只能印和卖几百本了。读书＋视书＋听书，看起来我们接触"书"的方式更丰富多样了，但不可否认传统书本的没落。读书为生是自然人类的存在方式，但显然已经不再能延续下去了。沉迷于故纸堆，皓首穷经，这样的学究方式已经落伍了，已经不合时宜了。我们今天要有新的问学和致思方式了。我曾经有个说法：世界变了而你还没变，那就是你自己的问题了。以不变应万变，处变不惊，这听起来很豪迈，但现在恐怕越来越难了。

记者：对普通人来说，哲学的意义何在？

孙周兴：刚刚讲到哲学的功能和作用，还没说完全。哲学是"理论"，其基本方式是论证和辩护，就是要为我们关于事物和世界的看法做出论证，也要为我们的行为做出辩护。就此而言，哲学就是我们的日常行动，每个人都是哲学家。尼采说，自苏格拉底开始，人人都是"理论人"。我想他的意思就是我这里说的。其实我们的教育的主体就是教人"理论",人们也通过媒体和交谈在学习"理论",或者说哲学式的论证和辩护。既然如此,为什么要学习哲学呢?我想无非是习得更合适的和更多样的论证和辩护方式。论证和辩护的目标是获得"确信",人是不确定的动物,但又总是在寻求"确信"。在动荡年代里人尤其需要寻求"确信"。这种"寻求"本身就有意义。这也是哲学的意义所在。

记者:有没有考虑过做一些哲学普及的工作?

孙周兴:我做的学术研究,无论是德国哲学还是艺术哲学和技术哲学,都是专业性的,可以做得十分学究,但也可以相对明晰,甚至比较轻松。友人郁振华教授曾经对我的《人类世的哲学》有过一个评价,叫"明快的哲思"，这大概跟我的性格有关。德国哲学总体上是趋于深邃和神秘的，我经常不无玩笑地跟人说：如果你晚上睡不着，就读尼采和海德格尔，他们的文字让人感觉有些意思，但又不太好懂，于是你在床上读上一二页，就睡着了。在此我特别愿意推荐我翻译的尼采的《查拉图斯特拉如是说》和海德格尔的《林中路》《在通向语言的途中》等。要治失眠，最好看这种有趣又不好懂的哲学书。

最近一些年来，热爱哲学的朋友越来越多，尤其是成年人，他们希望为越来越动荡不安的生活寻求某种稳靠感，是完全可以理解的，而我们目前的教育制度又不能为他们提供便利，不像欧美的大学，你可以在任何年纪注册入学。我们这里不行，于是一些人只好参加大学和有关机构组织的哲学班，这样的成人哲学班南北方都有，南方的复旦大学和中山大学，北方的北京大学，都有面向社会的哲学班，各有特色。现在又有了音频、视频课程和演讲，倒是方便大家听哲学了。我也受邀去几个哲学班上过课，感觉特别好，因为这些朋友是真心想听哲学的。去年我回母校浙江大学工作，暂时没课上，就组织了一个"生命哲学研修班"，第一期快结束了，正在招第二期。这方面的工作我会继续做下去，大概就是你所说的"哲学普及工作"？

第二编

今天我们怎么做哲学？

学术是终身的事业[1]

李青博士的博士学位论文《功利主义概念史研究》就要在上海三联书店出版，清样都已经有了，而我的"序"还迟迟没能写成。我不是这方面的专家，这是让我犹豫的地方，但李青是我在同济大学指导的博士研究生，我跟他又有亦师亦友的关系，所以终究还得完成这个序言。新年伊始，我终于下决心把

---

1. 为李青博士的《"功利主义"的理论旅行——从英国、日本到中国》一书写的序言，该书已由上海三联书店出版（2023 年）。

它写出来了。

李青博士应该是同济大学历史上招收的年纪最大的博士研究生。2014年报考时，我记得他已经57岁了，比我还年长好几岁（当年我51岁），真不知道谁叫谁老师。记得当时学校研究生院院长打电话给我：这位年纪太大了吧？还没毕业就已经退休了呀。我立即反问了一句：他毕业不毕业，何时毕业，退休不退休，跟你我有关系吗？跟同济大学有关系吗？这位院长蛮机灵的，顿了一会儿，说：对呀，好像没啥关系嘛。于是就把他录取了。我以为，文明国家的教育制度是要为公民终身教育服务的，公民想读书，哪怕她/他芳龄八十、九十了，你可以说不让读吗？好意思吗？

李青博士曾经在政府部门工作，后一直在外资企业任职，在商界战斗了好多年。在商务之余，李青到处听哲学课，国学西哲全听，从北方的北京大学哲学系听到南方的复旦大学哲学学院，终于成功地来到了同济大学哲学系。

李青进校后表现出在精微研究方面的极大热情和良好素质。这可能跟他的工科出身背景有关，不过这事也难说，我自己是理科（地质学）出身的，却喜欢"大哲学"，关注的论题也往往是偏于宏大。所以，这可能更多是由基因决定的天赋和性格吧。李青本来要做当代中国功利主义研究的课题，但随着研究的深入，他上溯近代，从近代中国功利主义概念的起源追溯到了日本明治维新时代"功利主义"概念的引入，然后又从日本追溯到了英国的古典功利主义。英国—日本—中国，这就变成了"功利主义"概念史的全面系统研究，故现在交付出版时，他把自己这本博士论文更名为《"功利主义"的理论旅行——从英国、日本到中国》。作为正经学术书的书名，这个题目也许不见得好，却是合乎实情的。

李青在书中说：他这本书完成了对"功利主义"概念的"理论旅行"路线的揭示，大致是：18世纪边沁提出 Utilitarianism 概念——19世纪穆勒对此进行修正——明治期间被引进日本并被译为"功利主义"——20世纪初由梁启超等传入中国。这听起来不难，但涉及英、日、中三国三语的概念梳理和发掘之功，委实是不容易的。

在李青读博期间，我跟他经常讨论的不是功利主义这个课题本身，而更多地是研究方法问题。在现在定稿的文本里，作者在"绪论"部分专题讨论了"功利主义概念史研究的主题、对象和方法"，这无疑是一种自觉的方法论反思，虽然他在这方面的思考尚可进一步深入。一般而言，概念分析和概念史研究恐怕是 20 世纪或者说 19 世纪后半叶开始的人文科学的总体方法倾向和特色，也可以说是我们时代人文研究的一个"基本功"。这在哲学上看更是明显，在英美哲学一派是语言分析（语义—语法—语用），而在欧洲大陆哲学那里则是词源分析和意义阐释，包括由尼采开启的"系谱学"和主要由海德格尔发动起来的"哲学阐释学"。我个人最感兴趣的当然是欧洲大陆哲学一派的，但平心而论，英美分析哲学的语言分析也是大可吸收和借鉴的。

就此而言，李青博士的这项功利主义研究，也为学术界提供了一个有关概念史研究方法的案例。至于这种试验的成效如何，是否足以成为一个范例，自然还需要由学界同仁一起来鉴定和评估。

记得李青博士刚入学不久，就兴冲冲地写了他平生第一篇哲学论文，我帮他改了五六回，主要意图是训练他的学术表达能力，第一稿返回给他，让他自己继续改写，然后是第二稿，然后是第三稿，结果越改越长，约有半年时间他终于完成了修改，就拿去发表了。记得论文发表后我跟他说：你要做好准备，准备在80岁的时候成为一位知名学者。——现在想来，我当时说的这个话，说不定还是保守了一些。

革命不分先后，学术是终身的事业。我为李青博士的博士论文的公开出版感到高兴，也希望他不慌不忙、坚韧不拔地推进自己的未来学术事业。

2022 年 1 月 2 日记于余杭良渚

后神学的神思 [1]

　　林子淳博士让我替他的《接着海德格尔思神学》作序，我深感幸运。作为同行和朋友，我跟子淳博士一直保持着良好的交道，乃基于学术上的共同爱好和旨趣。

　　子淳博士多年来从事海德格尔与神学研究，成绩斐然，是汉语学界难得的一位神学现象学家。自20世纪80年代以来，汉语学

---

1. 为林子淳博士的《接着海德格尔思神学》一书所写
　　的序言，该书已由香港汉语基督教文化研究所出版
　　（2019 年）。

界对海德格尔思想的关注可谓热烈，但要从基督神学的角度来研讨海德格尔，难度绝对不小，因为研究者至少要兼通海德格尔与基督教神学。弄懂海德格尔思想已属不易，加上神学，就难上加难了。我以为，子淳博士在此领域内的工作是最有贡献的。

我们知道海德格尔的家庭背景是基督教神学。他本人原来也想投身神学和神职。但在弗莱堡大学神学系学习不久，接触到哲学（存在学），便终止了这条主要由家庭背景决定的神学道路。可以想见这时候的海德格尔身上就出现了哲学与神学的纠缠。后来的海德格尔把形而上学设想为哲学与神学的双重结构，并且认为两者具有"互校"关系。

在欧洲历史上，哲学与神学分属两个知识系统，哲学源自希腊传统，而神学源自犹太希伯来传统。这两个系统的精神取向是大相径庭的。我以为，就基本特质而言，哲学重论证，而神学重信仰——信仰也即服从。也可以说，哲学不信仰，而神学少论证。当哲学开始信仰时，哲学便进入僵化的教条；而当神学开始论证时，神学以及宗教离消亡不远矣。

就个体而言，情形也差不多是这样。我常说人可分为两种，一种是心力旺盛、心思强大的，习惯于自己掌握自己，自己来论证自己的念头和行为，这种人适合做哲学和读哲学；而另一种人心思偏弱，愿意服从，愿意接受指引，愿意把自己交出去，这种人适合信教。千万不要搞反了。搞反了是会有后果的，是会害神害己的。

然而，偏偏在历史上哲学与宗教经常纠缠在一起，也偏偏有一种哲学叫"宗教哲学"。以个体信仰为重点的神学希望通过哲学的概念和方法，把神性之事说个清楚，也即给出一种哲学式论证，终致"上帝之死"。而哲学也总是跃跃欲试，梦想解决"个体无法言说"的持久难题，所以一直有"实存哲学"的暗潮涌动。可以看到，历史上的"实存哲学"多半是有神学倾向的。

回到海德格尔来说，上述错综复杂的情况在他的思想进路中均有体现。且不论前期海德格尔的实存哲学所具有的神学动因，后期海德格尔"神圣者"（das Heilige）和"最后之神"（der letzte Gott）的思想，终究也可归于"后神学的神思"。我相信，有朝一日，人类将随海德格尔重启神思。

也许子淳博士已经开始了这种重启。子淳博士的这本书（论文集）由三部分组成，每个部分均为三篇文章，第一部分涉及前期海德格尔与神学，第二部分讨论后期海德格尔的神思，第三部分则希望从海德格尔出发思神性问题，是所谓"接着海德格尔思神学"。我喜欢这样的构造。

是为序。

2018 年 9 月 22 日记于青岛

最后的人与最后的神 [1]

张静宜博士的博士论文《海德格尔的最后之神——基于现象学的未来神学思想》就要出版了，收入由我主编的"未来哲学丛书"，他要我为之作序。我一直未下定决心，拖了半年还多；到了2022年的第一天，我实在是惭愧了，便主动联系静宜，告之：这两天一定写好。

---

1. 为张静宜博士的《海德格尔的最后之神——基于现象学的未来神学思想》一书写的序言，该书已由商务印书馆出版（2023年）。

静宜是一名成功的建筑设计师，在上海交通大学设计研究总院工作，又为家国生了好几个小孩，平常忙得不可开交，但偏偏挚爱哲思，一种纯粹的热爱，多年前听了我的几次哲学课，竟与他的好友李青博士相约，要来同济大学哲学系读博。我特别赞赏这种纯粹，便坚定地支持了他们。我以为，虽然现在经常有人讨论"儿童哲学"和"中学生哲学"之类，但总的来说，哲学是为成年人的。

　　按照我的一贯想法，成年人读书是要有切实而清楚的目的的，比如至少要有利于自己的职业和事业。所以我曾经劝导静宜，最好与专业结合起来，做一个建筑美学或建筑哲学方面的课题，但他竟不予采纳，坚持要研究海德格尔。我也只好沉默，毕竟学术是自己的事。不过，即便是海德格尔研究，静宜的选题也是变化多端，换了好多个题目；当我和其他老师表示肯定时，他又变了。如此反复了几回，他的博士学位论文最后竟以《海德格尔全集》第 65 卷《哲学论稿》里的"最后之神"一节为主题——说实话，这曾是让我捏把汗的。

海德格尔的《哲学论稿》是一本怪书，我甚至说过，它是 20 世纪最神秘的书。书名《哲学论稿（从本有而来）》德语原文为 Beiträge zur Philosophie（Vom Ereignis），其实也完全可以译为《哲学研究》或《论哲学》；汉语学界也有人把它译为《哲学贡献》或《哲学献文》，大约属于望文生义、瞎猜胡来。《哲学论稿》与维特根斯坦的《哲学研究》一样，也是片段式写作，共 281 节文字。这 281 节文字被划分为 8 个部分，除第一部分"前瞻"（Vorblick）和总结性的最后一部分"存有"（Seyn），主体部分的六个部分依次为"回响"（Anklang）、"传送"（Zuspiel）、"跳跃"（Sprung）、"建基"（Gründung）、"将来者"（Die Zukünftigen）、"最后之神"（Der letzte Gott），听着就令人发怵。海德格尔说，这6个部分是"存在历史"（Seinsgeschichte）的6个"关节"（Fug）。而在这6个部分中，又以最后一部分"最后之神"篇幅最小，内含4节文字，译成中文大约一万字。以此区区万字文本为目标，来做一篇博士论文，可能吗？

更有甚者，在《哲学论稿》八个部分中，"最后之神"不但最短，而且最难理解，可能属于海德格尔全部著述中最晦涩的部分。作为译者，我对此是深有体会的，而且深感不爽——辛苦译完了，却对文意不甚了了，甚至于一头雾水，叫人如何不痛苦呀？

静宜却围绕着海德格尔的"最后之神"，

做成了一篇学位论文！我看了论文，感觉是不错的。海德格尔研究者经常难免被海氏的迷人文字和鬼怪笔法牵着走（我自己读博时就是如此），但静宜并没有完全拘泥于文本，而是从内外部探讨海德格尔"最后之神"思想的否定神学渊源，最后把"最后之神"思想概括为否定神学之来源、现象学之方法、未来性之思想，因此得出结论它是一种基于现象学的、未来神学思想。要完成这样的论证，委实是不易的。当然论证效果如何，最终还得由有心的读者来研判。

细节可以不谈，我最后想指出的只是一种可能的联系，我以为，海德格尔所谓的"最后之神"恐怕是与尼采的"最后之人"相联系的。海德格尔写作《哲学论稿》时（1936—1938 年），正是他深入阅读和阐释尼采的时候，他的"最后之神"（der letzte

Gott）完全可能模仿或套用了尼采的"最后之人"（der letzte Mensch）。尼采的"最后之人"，我也把它译为"末人"；海德格尔的"最后之神"，自然也是可以译为"末神"的。但这两者——"末人"与"末神"——有关系吗？我认为有。尼采的"末人"与"超人"相对而言，是"失神"（上帝死了）之后的"庸众"，是不断被技术化——尼采所谓的被计算和被规划——而又不晓得如何抵抗的俗人大众，类似于海德格尔在前期代表作《存在与时间》里讲的"常人"（das Man）；而海德格尔的"末神"之思，也是在"失神"之后发起的，接受了尼采的"失神"断言，我曾命之为"后神学的神思"。

两者差别或许在于，尼采会说，基督教的上帝就是"末神"了，再无"新神"可期；而海德格尔却分明说，"末神"不是远逝的古希腊的"诸神",更对立于基督教的上帝。所以，静宜博士这本论文的结论也是："末神"是有未来性的。

若然，则海德格尔留给我们的一大难题就是："最后之神"是"未来之神"吗？未来有神吗？

2022 年 1 月 1 日记于余杭良渚

一个纯粹的天真的哲人[1]

张祥龙教授离世后的第二天，我给北京大学哲学系发了一个唁函："惊闻贵系张祥龙教授于 2022 年 6 月 8 日仙逝，十分悲痛！张祥龙教授是一位杰出的当代哲学家，对中国现象学和儒家哲学作出了极为重要的贡献。张祥龙教授是一位率真的思想家，他有执着的文化信念，同时对他人和异类保持开放。

---

1. 为纪念友人张祥龙教授而作，载朱刚编：《缘在之思：张祥龙先生纪念文集》，北京大学出版社，2023 年。

我为贵系失去一位好老师，为中国哲学界失去一位重要哲人，也为我自己失去一位好兄长而深感痛惜！祥龙兄千古！"

每一句话都是真的。祥龙是我的好友，是我的兄长。儒雅敦厚，文质彬彬，谦谦君子，这些好话都可以用来描写祥龙。他是一个纯粹的哲人。他的世界里只有哲学。相识多年，我从未见过他跟人急眼，从未听过他说谁的不是。在学界和大学里见多了阴谋诡计和利益算计的各种勾当，愈加觉得祥龙兄为人之稀罕。这也就说明了，为什么祥龙兄过世后的这几天，有这么多的学人悼念怀念纪念他。大家都喜欢祥龙兄。

我跟祥龙兄算是现象学哲学同道，甚至更具体点，都是研究海德格尔的。1995—1996 年间，中国的海德格尔研究出版了好几本专著，有陈嘉映的《海德格尔哲学概论》，有靳希平的《海德格尔早期思想研究》，有祥龙兄的《海德格尔思想与中国天道》，以及我的博士论文《语言存在论》（出版时改名为《说不可说之神性》），好像还有别的。当时海德格尔著作的译介还很少量，海德格尔研究者也不在多数，一下子冒出这几本"专著"来，实在是令人吃惊的，也是值得记录的一件事。这几本书（特别是拙著）多半是阐释性的，多半是"跟着说"的，唯独祥龙兄这本是有原创性的，而且是有伟大理想的，副标题就叫"终极视域的开启与交融"。这本书当时给我很大的启发，特别是祥龙兄在书中对于现象学方法的理解和接受，可谓毫不含糊，直截了当，取己所需。

对张祥龙自己的哲学来说，这本《海德格尔思想与中国天道》也具有开端性的意义，其哲思的中—印—西互鉴大格局已经打开。

但他此后的用力方向是有所收缩的，2001年出版的论文集《从现象学到孔夫子》收录他1992年归国后发表的论文，虽然总体上看是接续前书，继续探讨以现象学为代表的现代西方哲学的方法转机对于重新理解中国古代思想的可能意义，但正如书名所示，祥龙兄这时的关注重点已经放在孔儒上了。他已经忧心忡忡地走上了儒学复兴之路。

2009年5月间，具体日期记不得了，大约有一周时间，我和祥龙兄应邀在台湾讲学，先是台北的政治大学，后赴花莲，在东华大学和慈济大学演讲。虽然是各讲各的，但课外总在一起行动——这是我们俩待在一起最久的一次。记得从慈济回到台北，是我们那次台湾之行的最后一天了，我们用完了晚餐，站在宾馆门口聊天，祥龙兄终于忍不住跟我谈了新儒家的儒家文化复兴理想，要点之一是儒学建设计划，要点之二是儒学政治计划。他介绍的方案已经相当具体，当然不全是他个人的，而是他的一些新儒同道的共同或不共同的想法。我当时听了是不无惊讶的，没想到事情已经进展到这个地步了，同时也觉得祥龙兄委实天真得可以。哲学家关心社会政治，经常如此。但我依然相信祥龙兄的初心，他不是想当"国师"，而是真心忧切于天道文脉。这在他的第一本书里已经显现了。

自那以后，我和祥龙兄的见面机会少了许多。一是因为我较少参加现象学学会的年会了，二是因为他退休后离开了北京，先转至山东大学，后又去了中山大学。有若干次见了面，也是众多朋友共聚，未有专门的交流和谈话。

去年 11 月 7 日下午，复旦大学哲学学院在上海复星艺术中心举办了一次"艺术·哲学对话",分为两场,第一场是潘公凯教授与张祥龙教授的对谈,第二场是隋建国教授与我的对谈。祥龙兄好像当时正在复旦大学讲学。在会间休息和自助餐时,我跟祥龙兄和他夫人坐在一起,聊的还是艺术和哲学,特别是当代艺术。我早听说他被查出难治的癌症,但这次见他气色尚可,十分健谈,以为他终于挺过来了。不想这竟是我们最后的会见。

哲人已逝。我得知祥龙兄患了跟哲学家维特根斯坦一样的病。据我所知,这是一种让患者极其苦痛的恶疾。维特根斯坦最后在病中写了一本笔记,专门讨论颜色问题。我不知道祥龙兄最后的所思所言,但我相信他是坚定的和宁静的——因为,他是一个纯粹的天真的哲人。

2022 年 6 月 11 日晚记于余杭良渚

农民研究海德格尔，有问题吗？[1]

不，这位在网上被炒得纷纷扬扬的陈直（据说原名叫曾植）还不完全是农民，而是农民工，就是进城务工的农民（非城镇户口居民）。农民工阅读和研究海德格尔，有问题吗？当然没有，他是一个独立自主的个体，他想干吗是他自己的事，他有没有干好，其实也只是他自己的事，跟他人无关。所以这

事本来不值得我们讨论。但问题来了，有若干记者采访了这位农民工，发表了关于农民工读哲学、特别是翻译海德格尔哲学的报道，使一件"私事"成了"公共事件"，甚至成了"国际事件"——学界大佬齐泽克也来掺和了！[1]

最新的又一篇采访报道提到了我："陈直找到孙周兴（海德格尔、尼采研究者）的新浪博客，上面没有邮箱地址，而他的博客停更一年多。"接着又说，陈直找到了我的同事倪梁康教授的邮箱，但犹豫不决，终于未写信，等等。我也是 41 年前（1980 年）进城的农民，农民进城，胆小羞怯，当然也是可

---

1. 齐泽克在 2023 年的新书中称赞陈直："今天，我们应该说：让一百个陈直研究哲学——只有这样，我们才能找到摆脱我们不幸困境的出路。"齐泽克这种说法也是让人"醉"了。

以理解的。

　　不过这时候，我觉得应该就此事说几句话了，不能视而不见和不言的。

　　我说了我也是进城的农民。1979年我在老家绍兴南部山区高中毕业，参加了当年的中专考试，未中，很失落；我妈准备让我学泥水工，找了一个远房亲戚当师傅，我叫他"纪妹师傅"，是当地一位有名的泥水匠，拜完师，吃了饭，回家要穿过一片山林，我突发奇想，问我妈：能不能让我复读一年？我妈没吱声，只管走路。到了家，她跟我说：可以，但只有一年。第二年，我考上了浙江大学，自己选了地质学专业，觉得这个专业跟农民近些。要是我妈不让我复读，或者复读了仍然没考上（我有一个同学复读了十几年才考上），那我现在恐怕还是一名泥水工，或者已经变身为包工头了。我只好说：命。

据介绍，来自江西农村的陈直考上了杭州的一所二本高校，读的是数学专业。很快他喜欢上了哲学，接着因为学习成绩不好，被退了学，从此走上"农民工＋民哲"之路。除了退学一项，陈直的出身和就学经历跟我无多大差别，而且都来了杭州。对陈直来说，退学恐怕是致命的一招。家境不好、社会上升通道狭隘、大学制度不完善（比如学生不能自由选择和改变专业），等等，都是负面因素，但陈直被退学，责任主要在自己，表明他当时是一个任性的不愿担责的人。我也只好说：命。

我自己也有类似的经历，这里不妨说说。1980 年 9 月我进了浙江大学地质学系区域地质专业，一个学期下来，我对这个专业就毫无兴致了，发现自己完全不适合读这个书。怎么办？我的"战斗力"明显不如陈直，我选择了忍和熬，而没有逃避，也没有抵抗。平常就读些闲书，写些烂诗，期末就去应付一下考试，居然也忍和熬过了四年。毕业后被分配到山东泰安的一个地质院校教书，以我的专业成绩，加上我的绍兴话（绍普），哪里可以"教书育人"了？于是开始思考人生，想着还得干点自己喜欢的事，才决定考哲学专业的硕士研究生。1987年，我考回母校浙大，开始了哲学学习和研究。

我得赶紧声明一下：我这样说并非要显摆自己"转型成功"。这中间的种种曲折和屈辱其实只有我自己知道。比如说，当年我要考哲学专业的研究生，而学校的规定是不能出系，只能考本校的和煤炭部门的院校（当时共有8所），怎么办？煤炭部院校哪来的哲学学科点？我面临一个抉择：要么放弃哲学，改考大地构造之类的专业；要么坚持哲学，设法让领导们明白我的处境，理解和同情我的请求。经过思考，我决定向他们证明三点：1. 我实在不适合地质学，志不在此，所以在大学里就没学好；2. 我报考的哲学方向"人类本体学"（当时浙大设的研究方向）其实跟地质学也有一定关系的，只是煤炭部院校里没有哲学专业；3. 我在此地无用，但在别处或有点用处。——要向人证明以上三点并非易事，我花了差不多一周时间。

个体的存活和成长是艰难的，每个人都会碰到这样那样的困难、阻碍和伤害。但我觉得，无论如何，学会适应处身的环境，在一定程度上屈服、迎合制度，以某种方式利用规定和规则，这恐怕是头等大事，因为无论是谁，都必须首先活下来，而且争取活好了。据我推测，陈直大概是没有处理好这一点。假如他没有被退学，而是好好学习，或者哪怕勉强学下去，好歹混个文凭出来，他也不至于沦于后来的生存窘境；如果生活顺利开展了，他完全可以更好地维护和实现自己的哲学爱好，包括海德格尔哲学的研究。陈直应该明白的是，读书和问学，本身并不构成生活的目的。如果为了读书，为了学术，为了海德格尔哲学而把自己的生活搞得一团糟，甚至使自己陷于生存困厄之中，那我们宁可不要读书，不要学术，不要海德格尔。

所以，农民或农民工读海德格尔，甚至译海德格尔，这本身没毛病，并不是什么惊人的事情——人们顶多会感叹一句：哲学如此远离金钱，海德格尔如此高冷，你一个农民工何苦啊！问题恐怕在于如何真切地理解这位海德格尔提出的命题："实存先于本质。"这是所谓存在主义/实存主义的基本原理，它的意思其实就是鲁迅先生在小说《伤逝》里说的名言：人必生活着，爱才有所附丽。鲁迅先生说的是男女爱情，但这话也有普遍的意义。活下来，活好了，这是第一位的，然后才有爱，才有哲学，以及其他。

［补记］2024 年 6 月 9 日下午，我与陈嘉映、王俊教授一道参加了"为什么读哲学，为什么是海德格尔——《海德格尔导论》新书分享会"（单向空间杭州乐堤港店），见到了这位农民工译者陈直。在现场对话交流过程中，我感觉陈直虽然不善于表达，而且有点固执，但总的来说表现是正常的和得体的。我为此感到高兴。此前我为陈直这本译著写了一段"推荐语"，也录在下面：

　　陈直在翻译这本《海德格尔导论》时是一位农民工，被发现后引起网络热议。现在他的处境已获改善，但问题依然：中国农民与哲学家海德格尔。我只想说：海氏自己就是德国黑森林农民，有十足的农夫习性，但他寄生于大学和学术体制，日常生活过得蛮不错的。

这里传达的意思，也正是我这篇短文想说的。

哲学还要讲大话吗？怎么讲？
——评《黑格尔的哲学遗产》[1]

很高兴参加吴晓明教授新书《黑格尔的哲学遗产》的交流研讨会。我跟晓明是老朋友了，他的文章和著作却读得少，平常一些场合，多半是听他讲哲学，给我的感觉是宏大而又周密，因此总是振振有词，而静下心来读他的书，而且专门读了两天，还是头一回。一些年来，学术界忙于追逐国外热点，

---

1. 2021 年 1 月 12 日下午在复旦大学哲学学院主办的《黑格尔的哲学遗产》(商务印书馆，2020 年) 一书的交流研讨会上的讲话。未发表过。

对国内同行的思想进展关注得少，这恐怕是一种不太妙的状况，也可能是一个阶段性的"翻译式学术"的特点，但随着所谓"翻译式学术"时代的结束，这种状况应该、而且必须改变了。

关于晓明兄的《黑格尔的哲学遗产》，我感兴趣的是三点，或者说是三个关键词：一是现实（社会—历史之现实），二是辩证法，三是客观性。

一、现实。晓明把它表达为"社会—历史之现实"。这一点涉及本书的主题，即黑格尔的哲学遗产。作者引用伽达默尔的说法，认为黑格尔打开了理解人类社会现实的道路。作者也跟着认为，黑格尔把作为实体性内容的社会—历史现实史无前例地引入哲学，然而很遗憾，这个"现实"概念"在本体论上被完全神秘化了"。所幸来了马克思，也许还有后来的海德格尔，发起了"拯救行动"，颠覆思辨观念论，才成了事。这是晓明兄跟我们讲的一个哲学大故事，讲得相当漂亮。我觉得是打通哲学史，或者说把黑格尔纳入现代哲学语境加以"拯救"的行动——毕竟黑格尔早已经被弄成了一条"死狗"，但这条"死狗"恐怕是打不死的，依然活在马克思主义、海德格尔主义等各色思潮中，所以"救"也只是一种姿态。

我的问题在于，说黑格尔的"现实"概念"在本体论上被完全神秘化了"，这样的表述够不够，是不是准确？黑格尔的问题和局限到底在哪里？现代哲学（至少很大部分哲学家）为什么要打他？晓明兄给出的理由大致是：黑格尔早就超越了知性面上的普遍主义、形式主义、主观主义，等等，而把"实体"理解为"活的实体"，"自身活动的、活生生的"实体，这才是"绝对精神"意义上的"现实"。在这个意义上，晓明又引用伽达默尔的要求，把"海德格尔的思想与黑格尔哲学等量齐观"。真的可以等量齐观吗？海德格尔本人屡屡受到这种追问。在《存在与时间》中，面对"人们总是一再地、并且以迥然不同的方式把海德格尔的思想与黑格尔的思想相提并论"或者所谓两者之间"惊人的类似性"这样一种状况，海德格尔先从aletheia（真理）即本有（Ereignis）/存在（Sein）的隐匿特征来加以区别，进而默许了这样一个说法是："只要在黑格尔看来，人是绝对者的自行实现之所，那么，绝对者就导致了对人的有限性的扬弃。与之相反，在海德格尔那里，有限性——而且不仅是人的有限性，还有本有本身的有限性——恰恰是要得到揭示的。"这个比照很有意思，恐怕也是关键所在，就是"有限性"问题。不过，"人的有限性"尚可理解，"本有 / 存在本身的有限性"是什么情况？如何理解之？海德格尔后期采用了诸如"拒绝、扣留、隐匿"之类的词汇，来描述希腊意义上的"真理"即aletheia，以之暗示"有限性"问题；虽然他也明言，不再根据与"无限性"的关系来思有限性，但并没有直接言说这种有限性。我们可以猜度的是，海德格尔的意思是要摆脱"线性时间"观，进入非线性的三维、甚至四维时间的本有 / 存在理解中，以此区别于黑格尔的"绝对精神"。这方面有大可深究的地方。也正因为这样，从黑格尔经由马克思，还不能直接跳到海德格尔，而是必须经过尼采。

二、辩证法。晓明兄直接亮剑，表明对各种误解的反驳：1.辩证法自始就要批判性地超出知性科学及其方法论；2. 把辩证法当作形式方法根本不可能摆脱其主观主义困境；3. 就其本体论基础而言，辩证法不可能是一种形式方法，任何形式方法都是反辩证法的。在接着的讨论中，本书以辩证法的本体论基础的追问为名，把马克思的辩证法与唯物史观同一化了，并且认为马克思的辩证法是"辩证法—唯物史观—历史科学"。我多半同意他的这些想法，但也有两个疑问：第一，把辩证法"哲学化"，使"方法辩证法"变成"哲学辩证法"，就像阐释学 / 解释学一样的路径，但依然像阐释学一样面临一个哲学与方法或者真理与方法的问题：如何在方法辩证法与哲学辩证法之间保持一种张力或适当性？第二，形式问题，辩证法到底具不具有形式特征？它是一个本体论的方法吗？或者是一个后本体论的概念？本体论根本上是一门形式科学，哪怕是海德格尔的"基础本体论"，据他自己明言，也是为了达到对此在实存的"形式结构"的分析。至少就这时候的海德格尔看来，放弃"形式结构"，恐怕有失哲学之职。所以我们得慎用"形式"一词，这可能也是我们不得不考虑的。

三、客观性。晓明在书中把"思想的客观性"当作一个重大问题来处理，是极有意义的。书中说："承诺并保障思想的客观性乃是哲学最基本的宗旨和态度。"（第242页）他也把问题提得更尖锐："在绝对者'上帝'缺席的情况下，在超感性领域世界不再具有约束力的情况下，思想的客观性如何可能得到拯救？"（第250页）晓明把人文科学中解释学/阐释学的出现视为对此问题的反应，并且在此主题下把黑格尔与马克思、辩证法与阐释学紧密关联起来——这个基本思路是伽达默尔的。文中的论述是正确的和雄辩的，涉及当代思想的本质规定性和合法性问题。这里存疑或者说值得讨论的是：第一，真理概念之扩大，在黑格尔与哲学阐释学之间有区别吗？黑格尔"必须重新制订真理概念"，这话没错。作者很敏锐地看到，新真理概念必须越出形而上学，而越出路径却是不同的，在黑格尔那里是把真理本体论化，而在哲学阐释学中，却是通过aletheia这一神秘二重性运动把真理概念扩大了，扩大为一个涉及艺术、历史、语言等非科学—知识领域的概念；第二，关于思想的客观性，这个表述好不好？毕竟这是近代主体哲学的用语。这个问题当然极好。当哲学失去了本体论或先验哲学的严密论证后，它如何仍然具有普遍意义而且令人信服？我想这是晓明在关注的问题。后哲学思想的严格性和可靠性何在？

最后一个问题是：哲学还要讲"大话"吗？怎么讲？这本来未必成为问题，如今却成了一个紧迫的问题。现在的主流哲学（分析哲学）越来越琐碎化，令人郁闷。连德国也未能幸免。这是国际大势，也是人类之命。无论是分析哲学＋实用主义传统，还是19世纪以来的形而上学批判，实际上都有反对"宏大叙事"和"讲大话"的倾向和主张，终于弄得哲学变成了鸡零狗碎的东西。所幸中国情况有所不同，一是德法一线的哲学还是主流，至少还留有半壁江山，加上中国传统思想文化，以"空大"和"高远"见长。所以在这方面可能还可以抵抗一阵子。

晓明的《黑格尔的哲学遗产》是一本富有激情的、讲大话的哲学书，我感觉甚好，因为我自己差不多也还采取了这个调性。我依然愿意以为，哲学还得讲大话，说大道理，立旨于给出整全的方案。问题更在于怎么讲。这既跟思想的定向有关，也跟思者性情不无关系。比如晓明的这种讲法："人们在观念上也不再可能骑着'绝对精神'的高头大马去越过横亘在'我们的思想'与'事物的自身'之间的巨大鸿沟了。"（第217页）我觉得这样的"大话"是有张力的，也是有意思的，形成了"晓明风格"。

2021年1月11日记于沪上古北湾

今天我们怎么做哲学？[1]

尊敬的盛晓明老师，各位同仁好！很高兴在盛晓明教授荣休会上讲话。各位发言时我在想，今天现场的师生当中，可能我跟盛晓明老师认识得最早，那是在 1987 年——刚刚李明书博士跟我讲，1987 年他两岁了。盛老师 1985 年到浙大工作，1987 年我回浙大读硕士研究生。我是已故刘锡光老师的研究

---

1. 2022 年 11 月 5 日上午在浙江大学哲学学院盛晓明教授荣休会上的发言。可能在网上发布过。

生，其实也是盛老师的弟子，但我刚才在盛门弟子名单里找了半天，没有发现我的名字，不知道你们怎么想的，也很遗憾。

盛老师当时是讲师，是我们的主要任课老师之一。他给我们上的"康德《纯粹理性批判》精读"，是我印象最深的一门课，一直难以忘怀。在我三四年前写的一篇小文章里，好像是《南方周末》约的稿子，我专门提到了这件事，因为这是对我影响最大的一门课。我记得当时我们就四五个研究生吧，除了我，还有朱绍平、王学川，应该还有其他一二位同学。盛老师还在课堂上提供烟，每堂课下来要抽掉二三包烟，那个场景是很恐怖的。我当时刚开始学德语，所以我是德语和中译本对照着念的。我是浙大地质学系出身的，没受过正规的哲学训练，读研前胡乱读过几本哲学教科书而已，所以盛老师这门课其实是我的哲学启蒙课，让我一直念念不忘。

　　当年学生少，老师也不多，所以师生关系比较密切。我跟盛老师走得很近，现在的学生应该不可能这样了。记得盛老师当时住在古荡的庆丰村，就在田野边，我们经常到他家里打扑克。那时候我们就发现盛老师是一个特别怕老婆的人，打扑克时比较麻烦，夫人一叫"晓明"他就跑掉了，我们这扑克就打得不太爽了。总的来说，盛老师是一个"暖男"。刚刚大家线上线下说了很多，而且我没想到吴国盛现在变得这么有趣了，他讲得很好，但是作为"暖男"的盛晓明老师，这一点好像还没人说。其实不光对盛师母好，盛老师对学生们都这般温暖。除了讲哲学时比较严肃，其他时候总是笑眯眯的。我从盛老师身上学到了很多做人的道理，但显然有些东西是学不到的。

后来我与盛老师还有许多关联，1996年我回浙大当老师了，跟盛老师住在同一栋楼里，好像叫求是新村17幢，我住在7楼，他住在3楼或4楼，每天下楼都要经过他家门口。但那时候我对他的理性哲学不太感冒了，去搞海德格尔哲学，那是让盛老师看不上的东西，他看到我就比较讨厌了，心里肯定在想：哲学可不是这样子搞的，不知道这人从康德跑到哪里去了。当然我们的关系还是好的，有时候也去他家里聊天抽烟。我们做了三年邻居，1999年我去了德国，回国以后很快离开浙大，转到上海了，于是就少了联络。直到去年我回母校工作，又成了同事。

在今天这样一个场合，我特别想说的一点是，盛晓明老师是清晰哲学的典范。他的课也是这样，对学生们最有意义的也是这一点。我早就"叛变"了，去搞了海德格尔、尼采以及当代艺术什么的，但这个问题依然在我的脑子里面：哲学该怎么做？今天的哲学该怎么做？我认为盛老师的哲学路径是一个个案，他的哲学也有变化，他已经从康德的先验哲学转向"地方性知识"的研究，在康德意义上讲这是哲学的"堕落"，"堕落"就是下降了，跟我一样，他也"堕落"了。但是这个问题还在。我在两年前发表了一篇文章，记得叫《一种非推论的哲学是如何可能的？》，我在其中提出了一个概念，"弱论证"和"弱推论"，我想追问的是：一种"弱论证"和"弱推论"的哲学是不是可能的？我们以前的哲学论证（先验论证）太硬了、太严格了、太形式化了，如果我们退下来，那哲学会是什么样子的？盛老师走的是科技哲学这条道路，我走的是偏艺术和偏人文的道路。就传统哲学的先验性而言，这是两条基本的"退路"。

现在我觉得这两个倾向都是有问题的，都是需要反思的。尼采搞久了，我就发现离严格哲学越来越遥远了，有了某种疏离感，语言也飘浮起来了。今年年初我意识到这个问题，发现这样搞下去不对了，时代变了，我也要来搞一点科技哲学和分析哲学，于是今年年初我动手翻译了一本维特根斯坦的小书《论颜色》，前些日子已经出版了，今天我也带来送给盛老师一本。当代哲学仍然分为两路，而且可能处于一种越来越紧张的关系中。因此，今天每个做哲学的人恐怕都需要思考这个问题：我们是要康德还是要尼采？有没有中间道路？

第三编

未来哲学的主题和使命

人文科学一定要厚古薄今吗？[1]

一、我是不是未来狂？

我先要介绍一下自己。我是浙江绍兴人，在山里长大。17 岁时偶然地考上了大学，上了浙江大学地质学系。1984 年毕业以后去了山东教书，教"大地构造"什么的。三年后改行读了哲学硕士生，1989 年又考上了南

---

1. 2019 年 3 月 15 日上午汉语基督教文化研究所分享会主讲。未发表过。

京大学的哲学博士生，1991 年转学至杭州大学，1992 年博士毕业后留在杭州大学教书，1996 年成为浙江大学教授。后来去了德国访学两年，2001 年回国。2002 年去了同济大学，到今天一直是同济大学教授。

我的专业领域最初是海德格尔研究和翻译，写了几本书，主编了中译《海德格尔文集》30 卷，其中有 15 卷是我自己译的，去年已经全部出版，后续还要增加 10 卷左右，但我自己的翻译任务已经不多了；二十年前，我的重点慢慢由海德格尔扩展到尼采研究，后来写了一本尼采研究的书[1]，目前正在主编《尼采著作全集》。尼采研究和海德格尔研究，这是我在德国哲学研究领域里的两个重点。

---

1. 孙周兴：《未来哲学序曲——尼采与后形而上学》，商务印书馆，2018 年。

2002年离开杭州时，我在中国美术学院参与成立了一个研究所，叫艺术现象学研究所，现在还在，不过我在那里的工作是艺术哲学研究和教学。这是我的第三块，可以名为"当代艺术理论研究"。我主编了一套"未来艺术丛书"，已出版9种，影响蛮大。同时我开始做一些艺术活动，甚至做过策展人，去年在上海开设了两个艺术空间。

去年开始，我又开拓了一个新领域，即"技术哲学"，在上海张江成立了一个"本有哲学院"，举办了"首届未来哲学论坛"，主题是"技术与未来"。社会反响很大，媒体关注度不小。《未来哲学论坛》第一辑已经编辑完成，会在今年第二届论坛时出版。第二届论坛主题是"生命科学与生命哲学"。

说来复杂，总结一下，我的研究领域有四块：尼采哲学、海德格尔哲学、当代艺术、技术哲学。重点做的书有四套:《尼采著作全集》《海德格尔文集》,"未来哲学丛书""未来艺术丛书"。这四套书加起来,今年大概要出22本书,已经像一个小型出版社了。这次来道风山,主要是完成尼采《快乐的科学》译文的修订,海德格尔《时间概念》(全集第64卷)的翻译。这大概是我做的最后两本翻译,以后不会承担整本书的译事了,因为我认为,哪怕是学术翻译,以后AI都会比我们做得更好。凡是可形式化和可数据化、可重复和可修正的工作,很快都会被AI所接管。这一点必须要明白的。

大家已经可以看出来,我目前的关注重点是"未来"——"未来哲学"和"未来艺术"。前几天我甚至发动了我们校长,要在5月校庆期间举办一个"未来大学论坛"。有人就说我是"未来狂"。记得在首届未来哲学论坛上，有一位特邀嘉宾发言，就说"未来"不是人文科学的主题呀，我们哲学家只关心过去和历史。我当然是不会同意他这个话的。但我也肯定不是"未来狂"，我当然也不反对人文科学的历史性。人文科学的最根本特性就是历史性。前些天我跟一位科学家聊天，跟他说：我跟你的重要区别就在于，你做的东西是短时效的，是短命的，十年二十年就没用了，如今甚至几年就没用了，而我二三十年前写的东西现在还在重印。人文学者之所以累，也是因为人文科学的历史性。然而，这也并不构成一个特别坚实的理由，让我们否定人文科学的未来性。

二、人文科学一定是厚古薄今的吗？

在德国传统里，人们喜欢把"人文科学"

叫作"历史学的人文科学"。人文科学为何是历史性的？我想原因不外乎如下几个方面：其一，语言和传统的规定性：人文科学关乎人类经验和现象，而人类总是在特定的语言和历史文化传统中活动的，是受传统和语言所规定的。语言和传统是人文科学的历史性特征的基础。其二，领域和成果的稳定性：人文科学的课题领域和范围似乎是恒定不变的，所形成的理论成果似乎也是恒定不变的，或者说具有永恒性意义的。我们简直不能说柏拉图和亚里士多德哲学已经过时了，我们似乎也不能说我们今天人类比古希腊哲学家和中国先秦时代的哲人思考得更好。不过，这一点显然是可疑的。说人文科学课题领域的恒定性和理论成果的永恒性，恐怕是与人类具有恒定不变的人性这样一个假设有关。其三，文人习气：历史上的人文学者形成了尚古的偏好，总是幻想美好的古代，以古代"乐园"假设来贬低和指控当下，形成了不一定值得赞赏的"文人习气"。

无论中外，人文学者都有此"复古"情结。欧洲文人多半要复希腊和古罗马的"古"，近代以来的人文学者尤其如此。包括尼采，这位在早期哲学中甚至声称：希腊就是一切，希腊人发明的东西今天已经被掩埋，而希腊未发明的我们今天也还没发明。尼采此时深受瓦格纳的"艺术神话"理想的影响，到后来就不会这样说了。到后来，尼采以一种当时人们无法理解和接受的方式，道出一句"上帝死了"。"上帝死了"意味着什么？首先当然是基督教的没落，但不光如此，还有更丰富的和更全面的意义，用我的说法，就是自然人类精神表达系统的崩溃。自然人类精神表达方式主要有传统宗教、传统哲学和传统艺术。

尼采的先知正在于此。他预感到了一个新时代和一个新文明的到来。他把自己所处时代的人类精神和身体状态称为"颓废"。他知道人类正处于从自然人类向技术人类的过渡之中。而正在到来的技术人类文明需要新的精神表达方式，需要重建特别是以时间和空间经验为核心的生活世界经验。

大部分欧洲人要到第一次、第二次世界大战，特别是原子弹爆炸、第二次世界大战结束之后，才意识到尼采所预言的新文明——技术文明——的到来。原子弹爆炸标明自然人类文明的结束，新的技术人类文明启程。此后，现代技术的进展呈现加速状态，今天通过人工智能和生物技术，社会已经正式进入心—身两个方面的技术化进程。

这时候，传统人文科学已经不再是新人

类有效的精神表达方式了，厚古薄今的旧人文姿态也不再有多大意义了。因为自然乐园不再，人类生活世界巨变。在技术统治时代，我们需要一种新型的人文科学，帮助我们重建生活世界经验。这种新人文科学肯定不再是厚古薄今的，肯定不是怀旧复古的，肯定不只是历史性的，而是面向未来的。

三、人文科学如何反应于未来？

最后一个问题：人文科学（艺术人文学）如何反应于未来？这个问题并不容易回答。确实我们已经习惯于说过去和历史，当我们面向未来时，我们不知道如何下手。过去好说，未来难言。我只好试着从几个方面来做个试验。

首先，艺术人文学需要确认文明的转

型，即自然人类文明向技术人类文明的转变。1945年已经成为这种转型的基本标志。我的说法是，技术统治已经压倒了政治统治，在今天，商讨为主的政治统治经常只不过是技术—资本的统治方式的表现而已。不认识和不确认这种转型，我们便无法真正理解这个由技术主导的新时代和新世界。

其次，艺术人文学需要介入和抵抗。要破除人文学科逃避技术文明和回避现实的习惯定式，而积极地介入，形成一种抵抗的力量。这种抵抗主要由奇异性的艺术和稳重性的哲学来实现。而未来也需要通过艺术和哲学来重振政治统治，以期构成一种节制的力量，达到自然文明与技术文明的一种可能的平衡。

再次，当务之急是构造一种新的生命哲学。尼采最后的思考是一种以生理学为基础的未来哲学，其实是一种生命哲学，也被称为"大政治"。现在我们终于可以想象尼采的英明了。艺术人文学需要建设一种新的生命哲学，以形成对未来生命形态的规划。

2019 年 3 月 15 日于香港道风山

与当代艺术对称的当代哲学[1]

20 世纪 60 年代，约瑟夫·博伊斯在哲学之国发起了影响深远的"当代艺术"运动。虽然随着博伊斯的离世，狭义的和作为"运动"的"当代艺术"已经在 80 年代落幕，但就它半个多世纪以来在全球范围内的广泛传播和不断更新的效应来说，它应该是第二次世界大战以后最伟大的世界文化现象——似

---

1. 为浙江大学哲学学院主办的《思想与时代·当代哲学辑刊》所写的"序言"。载孙周兴、王俊主编：《思想与时代》第一辑，商务印书馆，2023 年。

乎没有"之一"。

与之比较，欧洲—西方哲学的形势则呈现另一番景象。20世纪上半叶（特别是前三十年）可谓"哲学时代"，现象学、阐释学、实存哲学/存在主义、社会批判理论以及语言分析哲学，等等，形成了伽达默尔所区分的欧洲哲学史上继古希腊哲学和德国古典哲学之后的第三个高峰；如今被公认为20世纪两大哲的海德格尔和维特根斯坦，都在此间成了气候。而战后哲学总体趋弱，虽然上述诸哲学思潮都还有程度不等的推进和衍变，但原创意义和影响力已大不如从前，难以形成可与"当代艺术"完全匹配和对等的"当代哲学"——可资举荐者，也许只有今天仍有不小势力的"法国当代理论"。

二战以后的中国哲学被政治运动耽搁了

几十年，至80年代才有可能渐渐接通外部世界，主要引进西方—欧洲哲学，同时开始以严肃的学术姿态重审中国哲学传统。之后四十余年，中国哲学工作者——此名称听起来令人莫名其妙，不无尴尬，但对这个时期的中国哲学家来说可能是相当合适的——不可谓不用力，完成了中国当代哲学的"原始积累"，包括外国哲学的译介和研究，也包括中国传统哲学的重接和重释。这种"原始积累"是必然的，而且意义重大，但恐怕也还不是充分意义上的"当代哲学"。

如此看来，无论中外，类似于"当代艺术"的特指的"当代哲学"，都还是一个令人起疑的名称。这不免让人泄气。当然，我们也完全可以在非专名的意义上来使用"当代哲学"。当代就是当下。"当代哲学"是关切于当下的哲思。

不过，历来哲学的特性却不是"当下的"。不光哲学，一般人文科学都有历史性的基本定向和调性，此即狄尔泰所讲的"历史学的人文科学"。哲学就是"哲学史"。我们有读不完的书，我们推崇经典，我们膜拜古学。这向来是人文学科的骄人之处，但实在也是它的累人之处。人文学者自我感觉良好，似乎我们从事的是永恒不朽的伟业；而另一方面，我们更多地困围于传统和历史，经常成了书虫，经常丧失了对活的当下关注。

历史学的人文科学是自然人类的精神表达。可世代变了，如今是"人类世"。所谓"人类世"既是地球新世代，也是技术人类的新时代。尼采的"上帝死了"已经判定了以哲学和宗教为主体的传统人文科学的颓败，即它们不再能有效地表达技术时代新人类经验，也不再能有效地组织新人类的生活了。于是乎，人文科学/艺术人文学需要有一个重新定位和定向，需要关注自然人类生活世界向技术人类生活世界的断裂性变局，并且从久已成习惯的历史性定向转向未来，或者更应该说，作为正在被加速技术化的半自然人类，我们今天需要一种新的姿态：既要回顾，更要前瞻。

当代就是活的当下。眼下这本《思想与时代·当代哲学辑刊》是2021年下半年成立的浙江大学哲学学院创办的哲学杂志，它期待以全新的哲思目光朝向新生活世界，无论古今，不分中西，唯以活的当下为起点和目标；它也希望与"当代艺术"对接和联姻，创造具有"直接性""革命性""未来性"的"当代哲学"。

兹事体大，唯愿本刊成为一个自由开放

的当代哲学商讨平台，我们也殷切期望学界
同仁介入和襄助。

2022 年 1 月 1 日余杭良渚

未来大学与未来文明的创造[1]

记者：您为何要发起这次"未来大学论坛"？你在演讲中谈到今天的大学甚至整个教育体系已经属于"旧时代"，已经不能适应"新时代"了。那么"新时代"我们需要什么样的教育体系？未来大学应该培养怎样的大学生？

---

1. 系作者在"未来大学论坛"（2019 年 5 月 19 日，同济大学）举行之际接受《新京报》书评周刊记者的书面采访，似未发表。类似的内容以"未来之人与未来之学"为题，刊于《信睿周报》，2019 年 9 月 26 日。

孙周兴：这次"未来大学论坛"是同济大学112周年校庆活动之一，是我和同济大学校董唐春山先生一起发起的。之所以要发起这个论坛，是因为形势逼人，技术工业加速发展，大学和社会面临的挑战越来越严峻，令人既惊奇又惶恐——人们今天喜欢说"未来已来"，以此来表达对技术进展和未来文明的焦虑。说实话，讨论未来是有风险的，因为未来未来。但人本质上是可能性的动物，是向未来开放的，是在对未来的筹划中展开生活的。所以我们还必须进行这样的讨论。

我确实在演讲中表示，今日大学（甚至整个教育体系）恐怕属于"旧时代"，而不能完全适应"新时代"了。我所谓"旧时代"是指"自然人类文明"，而所谓"新时代"是指"技术人类文明"。人类文明样式和生活世界已经切换，人类生活世界经验也需要切换。作为人类知识生产的主体，大学现在正处于这种切换中。所以，我们设定了本次论坛两场讨论的主题，一是"大学如何塑造未来?"，二是"未来如何塑造大学?"。我们邀请了国内外一些高校领导、学者、企业高管等进行跨界对话，研讨大学如何为未来所引导和规定，以及大学如何创造未来。

新时代需要什么样的教育体系? 其实这就是我们这次论坛的核心课题。对此，与会学者们有不同的角度和不同的说法，我这里只能谈谈自己的初步看法，我愿意提出几个关键词。一、自由教育：洪堡的现代大学基本理念和原则依然是有效的，自由教育理想和研究与教学的统一原则依然是未来大学要坚持的，甚至必须进一步发扬光大；二、总体教育：未来教育将更多地成为社会总体事业，教学内容将更侧重于知识文化的整体性，而教学方式将不再局限于学校和课堂，而是更趋多样化；三、终身教育：未来社会和人类生命形态的变化必然要求以终身教育取代应试教育，形成一种能够满足全体公民需求的终身教育体制；四、体验教育：未来教育将比以往更多地致力于公民的生命意义体验和创造能力的培养，旨在完成教育的终极目的即保卫和实现个体自由。这是我眼下能设想的未来教育的可能要素，我只能简略地说说。

记者：随着您在演讲中提及的"人类世"的开始，技术发展愈来愈快，更多的标准化和程序化的工作将不再需要由人来完成，人类将更多地转向非标准化的、机器无法完成的工作。在您看来，这样的环境是不是已经出现了技术"倒逼"大学改革的情况？

孙周兴：地质学家和哲学家把 1945 年标识为"人类世"（Anthropocene）的开始。所谓"人类世"意味着技术统治地位的确立，人类成为一种影响地球存在的力量，以我的理解，也意味着"自然人类文明"向"技术人类文明"的转变和过渡。大学和一般而言的教育制度是为自然人类文明而设的，对应于自然人类文明的知识形态，而未能对已经形成的技术生活世界作出及时有效的反应。大学当然也在改变自己，但也经常成为一种僵化的和保守的力量；面对现代技术的加速进程，今日大学学科建制、教学内容和教学方式变得不合时宜，未能跟进改造。这虽然是全球普遍现象，但恐怕在我们这儿是最明显的。比如说我所在的人文科学，在我们的大学里好像永远是文史哲三门，不管世界如何变化，我们都可以躲起来缅怀过去，虚构历史上的美好时代。人文科学如果失去了介入当今技术生活世界的能力和责任，当然会越来越萎靡，它不被边缘化才是怪事一桩了。

现在新技术咄咄逼人，确实是形成了一种倒逼之势。我曾经说过：今天的大学可能会面临这样的窘境：一些专业的学生被招进大学里读书，四年毕业后发现这个行业已经消失了。这听起来像开玩笑，但显然不全是笑话。

记者：您在讲座中提到，人工智能对人文科学的影响是最突出的，在未来时代里，数码知识与人文科学的关系将变得更为紧张，您能具体一点展开来说说吗？未来人文科学的教育应该是怎样的方向？

孙周兴：数码知识与人文科学的紧张关系将愈演愈烈，这是明显可预见的情况。而且这个过程其实早就开始了，近代以来，经过文艺复兴和宗教改革，欧洲科学突飞猛进，形成了"普遍数理"的知识理想和要求，广义数学即形式科学被当作知识的典范，凡是能够被数学化（形式化）的知识就被认为是真正有效的知识，数学化（形式化）程度越高，科学性越强。当时人们甚至试图以这种数学理想来要求人文科学，提出了"人文科学能否通过数学和自然科学的方式来研究和表达"的问题。到20世纪，以现象学和解释学为代表的新哲学思潮奋起反抗，努力捍卫人文科学的自主性和存在意义。但随着现代科学和现代技术的加速进展，今天人文科学面临更为严峻的形势，人们开始讨论人文科学的"空心化"之类的课题。今天以互联网技术和大数据技术为标识的"数码知识"已经成为主流的知识形态，已经而且必将对艺术人文科学造成挤压和冲击。具体表现在几个方面：一是原本属于人文科学的一些领域被技术化的数码知识所占领，比如学术翻译，恐怕很快会被机器翻译所取代，又比如古文献整理，将很快不再需要自然人类来做了；二是人文科学的研究方法和表达方式，也将越来越技术化，近世社会科学的兴起本来就是这方面的表现；三是人文科学学术研究的制度体系越来越被技术所规整和统辖，今天全球大学和研究机构日益严密和严苛的量化管理，已经危及人文科学的生存。人工智能最集中地表现了人类智力和精神的被技术化过程，因此对人文科学的影响是最突出的。

至于未来人文教育的方向，我的一个猜度性的说法是，它将致力于体验—创意—游戏—共享，其基本任务是技术人类生活世界经验的重建。

记者： 您还谈到，不可数码化或难以数码化的人文科学在未来有可能发挥其别具一格的作用，哪些属于不可数码化或难以被数码化的人文科学？

孙周兴： 这是我的一贯看法。虽然有上述种种情况，但艺术人文科学依然是不可完全数码化的，或者说是难以数码化的。原因我也在演讲中讲到了。我认为人工智能有两个难以突破的边界，一是奇异性／创造性，即自然人类具有的创造奇异和神秘的能力；二是未来性／可能性，即自然人类具有指向未来的大尺度筹划能力。这两项是智能机器人难以具备的。人类的想象和创造在"普遍数理"之外，属于无法被完全形式化和数码化的艺术人文领域。这正是艺术人文科学的未来意义所在。我不否认艺术人文科学面临的挑战，我也知道在未来的技术统治时代里，艺术人文科学是难以与现代技术相抗衡的，但这并不意味着我们可以轻言放弃，相反，为了抵抗技术风险和保卫个体自由，为了创造一个更美好的文明状态，艺术人文科学可能是一个更重要的着力点，将发挥更重要的作用。

艺术人文科学也不是一成不变的。我在演讲中把广义的"模仿之学"规定为自然人类的基本学习方式。哪怕到了以"数学"成为知识典范的技术时代，我们自然人类在日常生活和艺术活动中依然以"模仿"为重要的学习方式，但这种方式已经获得了新的内容和意义，艺术人文科学中难以数码化的内容，我愿意用"体验—创意—游戏—共享"来加以提示，或可称之为"新的模仿之学"。

记者： 在人工智能等新技术的冲击下，未来大学的意义何在？

孙周兴： 这又是一个不免空虚的问题。我大概只能讲几句大话。一方面，在今天和未来的新媒体时代，大学（学校）不再是公民知识习得的唯一途径，我们每个人随时随地都可能学习，学习将变成真正意义上的"自学"，就此而言，大学（学校）就不再那么重要了，大学的意义将被大幅弱化；但另一方面，未来大学将成为适应技术人类文明的新型学习和研究机构，它是我所谓的"未来之学"的组织者，它担负着重建生活世界经验的任务，特别是担负着抵抗技术同质化统治、保卫个体自由的使命，就此而言，大学将变得越来越重要，是未来文明的创造性力量。

心理学还是哲学吗？[1]

　　各位同仁好，首先祝贺哲学心理学博士论坛开幕。刚才吴艳红教授讲得很好，没几句话，就已经把心理学的起源讲清楚了。我的主业是德国现代哲学研究，心理学并不是我的专长，而且我已经离开同济大学，在浙江大学上班了，所以，无论在何种意义上，

---

1. 2021 年 11 月 7 日上午在同济大学人文学院主办的"精神分析与哲学心理学博士论坛暨上海拉康学组成立仪式"开幕式上的致辞（线上）。事后补写，未发表过。

我都是不应该来这里致辞讲话的。

但同济大学心理学系的成立确是跟我有关的，要不是我的主张和努力，同济恐怕不会有心理学的。同济大学医学院精神科的赵旭东教授毕业于德国海德堡大学，是哲学家雅斯贝斯的学生的学生。虽然他总是谦虚地说自己不懂哲学，但从学术渊源上讲，他是跟哲学有关联的，是有哲学背景的心理学家。我一直谋求与赵旭东教授合作，先是在人文学院哲学一级学科博士点下面设了一个二级学科博士点"哲学心理学"，我估计在国内是第一个。几年以后，大概是 2016 年，我又组织申请成立了心理学一级学科硕士点，放在人文学院内，同时也成立了同济大学心理学系，开始时由赵旭东教授担任主任。做完这些，完成了哲学、文学、艺术学和心理学四个学科的布局以后，我便申请卸任，辞掉了人文学院院长之职。所以，心理学系以及心理学学科，应该是我在同济大学建设的最后一个系科。按我原先的天真设想，同济大学心理学系由医学院的精神科与人文学院的哲学心理学研究所合并共建，马上就可以配置成 20 人左右的学术队伍，构造以人文心理学为重点的特色学科。

可惜的是，校方不怎么支持院系之间的学科合作。这一点让我深感无语。现在，学科和系所都还在，但赵旭东教授及其团队好像已经退出。而我，也已经逃往杭州了。

今天早上我在朋友圈转发了一个关于今天会议的消息，顺便提了一个问题：心理学还是哲学的吗？这实际上是一个大问题。我本来对同济大学心理学系的期望是有效地回答这个问题，恢复心理学的哲学性。心理学本来就是哲学的一部分。

即便在欧洲，心理学也是一门后起的科学／哲学，而且我们不难看到，心理学的两个基本类型即人文／哲学心理学与实验心理学，差不多是在同时代发展起来的，都是在19世纪后半叶。当时出现的弗洛伊德精神分析学说直接起源于尼采哲学，对于人文／哲学心理学来说具有开端性意义；而方兴未艾的实验心理学则是对人类精神世界的技术化处理。毫无疑问，心理学的内部冲突正是现代人性的冲突。

我们知道，在弗洛伊德的精神分析学之后出现了另外两个重要的哲学心理学思潮，一是胡塞尔开创的现象学心理学，二是主要受海德格尔影响的实存主义心理学（实存心理学），这三大思潮差不多都在半个世纪内出现，构成哲学心理学的基本内容。我认为，当代哲学心理学还得开展一项工作，即对我们说的精神分析学、现象学心理学和实存心理学三大思潮进行系统的清理和探讨，形成面向人事和人心、具有人文关怀的新生命哲学方案，以及相应的诊疗策略。

随着当代技术的加速进展，心理学学科已经来到了今天两门"人的科学"（马克思语）的斗争的前沿地带。马克思预言的所谓"人的科学"，我认为主要有两门：一是指"人类技术工程"（人工智能和基因工程），二是指人文科学，或者我愿意说，艺术人文学。我们今天既有心理技术化的要求，同样也面临着如何保持精神人文意义的难题。心理学因此变得十分趋时，也极为重要。

最后祝各位同仁心理健康和身体健康——特别是心理健康，因为心理分析师和治疗师经常接触负面情绪的人们，也算是一个高风险的行业。但是，心理学家特别是精神科医师得了精神病，这在逻辑上是不通的，就像当年柏拉图所说的，卫士需要卫士，岂不搞笑？

一、什么是"人类世"?

张松：您在新书中提出了"人类世"概念，这个概念最早源于地质学，但是您在关于"人类世"概念的论述中并没有将具体的变革点定在 18 世纪的第一次工业革命，而是定在了 1945 年，这是为什么？应该如何理

---

1. 系作者与张松先生关于拙著《人类世的哲学》的一次对谈（同济书店，2020 年 8 月 26 日晚），由同济书店工作人员根据现场录音整理而成。未发表过。

解"人类世"的哲学呢？

孙周兴：首先，"人类世"是一个地质学概念，指的是地球历史的最新阶段，它经过了从18世纪后半叶到1945年大约180年的累积和演化。地质学家提出"人类世"概念，是要有证据的，这些证据必须体现在地层沉积物的变化上。现在国内部分学者将"人类世"表述为"人类纪"，我认为这并不准确，因为按照地质学的说法，目前地球尚处于第四纪，这个第四纪也被叫作"人类纪"，而"人类世"只是第四纪即"人类纪"的新时期。

地层变化的证据是地质学家做出判断的唯一标准。兹举几例。比如我们接触最多的塑料，几乎弥漫于地球表面，很多塑料碎末进入地层，在地层中沉积下来了；核武器、核电站使沉积物中的放射性元素激增；大气中二氧化碳的逐年增加在地层上得到了反映；混凝土已经覆盖了地球表面；而化肥、农药、药物的大规模使用都留下了明显的地层证据，如此等等。这些都是地质学家们提出"人类世"到来的地层证据。

当然最重要的是原子弹爆炸。1945 年 8 月 6 日上午 8 时，美军轰炸机在日本投下第一颗原子弹，地面温度瞬间达到了六千度，十几秒内杀死了二十多万人。我们自然人类很难理解如此剧烈的摧毁力量，它已经完全超越了自然人类的感知能力。从这一天开始，包括奥本海默在内的许多科学家和哲学家开始了对核物理和核武器的反思，海德格尔的学生安德尔斯得知原子弹爆炸后的惨状后，坚定地认为继续研究哲学已经毫无意义了，毅然决然地加入了反核运动。

核电站一度被认为是人类有史以来最清

洁的能源，可是我们知道，核反应堆的使用寿命仅40年，40年后核废料的处置至今仍然是一道棘手的难题，只能用"水泥棺材"将整个废弃的反应堆完全封闭起来。尽管如此，近几十年内还是发生了诸如苏联切尔诺贝利核电站和日本福岛核电站等多起核泄漏事故。所以，我刚才提到的地层沉积物中激增的放射性元素，不光来自原子弹爆炸，也来自核电站的释放和泄漏。

虽然核污染是自然环境的最大污染以及人类生存的最大威胁，但是其他的污染同样不容忽视，比如塑料制品产生的大量垃圾。有科学资料表明，一般的塑料埋在泥土中，需要大约70年的时间才可降解，而在这70年的降解过程中，塑料不断产生环境激素，后者已经对雄性动物的生育能力产生了不可逆的致命影响。

我在过去的演讲中提到过"技术人类"的概念，随着现代科技的进步，层出不穷的技术手段已经改变了人类原本的自然存在状态和生活（交往、思考、行动）方式。我们当下的时代正好处于两种人类的分水岭上——过去与现在的人类，我们姑且称之为"自然人类"，而现在与未来的人类则可谓"技术人类"。这两种人类的分别体现在人类精神和身体上，也体现在政治层面上。我这里说的"政治"是一个泛指的概念，指的是社会治理和组织管理。自然人类在处理政治问题时，需要经过较长时间的讨论和商谈过程，其结果往往存在较大的变化性和不确定性，诱发结果变化的更多在于人的因素；而技术人类的政治，在很多时候起决定作用的不再是商谈，而是技术和资本的力量。

　　在今天，人类对技术的迷信已经达到了

无以复加的地步——上帝已死，人类自封为神。技术统治已经越来越在人类生活的各个领域里彰显。我们刚才谈到的人类技术对地层的改变已经足以使得科学界来定义一个新世代。现代技术的四个核心要素即核武核能、环境激素、人工智能和基因工程，它们分别与物理学、化学、数学、生物学这四门学科相关，它们决定着人类未来文明的走向。当人类的技术力量足以改变周遭的自然环境，甚至改变地球的自然状态时，"人类世"便开始了。

如果哲学放弃对上述现象的思考，那么它就出问题了，它就丧失了自己的职责。一直以来，我们总是反思过去，从未听说反思未来，而我认为这恰恰是今天人文科学在技术统治时代需要改进的。人文学科不应只反思过去，也应思考未来，应该对当下以及未来人类的走向做出前瞻性的思考。有一句老话：反思过去才能看清未来。这句话没错，但在今天，这话得有一个前提，就是我们还处于自然人类的时代，因为这句话中所说的"看清未来"，是指掌握由"自然人"主导的历史规律，而技术统治时代却打破了其中"自然人"的逻辑，由纯粹理性逐渐替代会"犯错"的人性——这其实是相当可怕的，因为对纯粹理性的迷信，本身就是非理性的。

二、在技术统治的必然趋势下如何安身？

张松：这话非常好，在同人读书会近40场直播中，这是第一次有人文学者宣称人文学科必须思考未来。我们友朋会的游学这周又要出发去贵州，我就在网上订了去贵州的机票，发现自从订好了机票，我手机的屏保、百度推荐，频繁出现与贵州旅游相关的信息。当然这很好理解，都是大数据的信息匹配。对老百姓而言，个人隐私在大数据技术面前可以说已经被严重剥夺了，我们虽然无可奈何却总觉得不舒服。这显然是您说的"技术统治"在我们普通人身上最直接的实现。那么在今天这个时代里，我们应该如何安顿自身？

孙周兴：今天的大数据技术可以说在很大程度上决定了人类的生活。我认为，现代技术根本上是一种同质性和同一性的力量。当年为什么在欧洲出现比较强烈的个体主义或存在主义的哲学（实存哲学），原因就在于技术工业加强了同一性哲学的制度性力量。在技术工业浪潮中，人的个体性逐渐丧失，所有东西都被同质化和同一化了。欧洲传统主流哲学是普遍主义和本质主义的哲学，而

19世纪中期以来出现的存在主义哲学，就是对技术工业所导致的同质化进程的抵抗。第二次世界大战之后出现的当代艺术也是如此，其主要哲学背景就是个人主义或存在主义哲学。当代艺术在兴起之际是与欧洲学生运动紧密联系在一起的，而随着博伊斯在1980年代的去世，当时已经演变为激进组织的学生运动也迅速消隐了。我相信，存在主义（实存主义）哲学的思想成果依然是我们时代所需要的。面对技术统治，我们作为个体应该如何抵抗，如何保存自身，保护个体自由不受现代技术的过度伤害，这是包括当代艺术在内的艺术人文学的一个持久使命，也是我这本《人类世的哲学》探讨的主题之一。

最近几年我做过几次哲学心理学方面的报告，背景是现象学和实存哲学，论题集中在技术时代生活世界经验的重建。为什么如今精神病患者越来越多了？有数据表明，人群中精神病患者的比率已经达到20%了，而且还有逐年增加之势。这是我们需要反思和研讨的。我认为最根本的原因在于，世界变了，但我们依然习惯于以过去的经验尺度打量和衡量当下这个已经变化了的世界，这就容易导致精神上的分裂。所以我也在关注这方面的问题：我们今天应该用怎样的经验尺度审视这个越来越变得空虚和抽象的技术世界？

张松：有什么明确的方法可以适应这个变化了的世界呢？

孙周兴：如果有明确的方法，我想那一定还是基于过去的经验尺度。对于这个变化多端的新世界，这个具身存在与虚拟存在交织的生活世界，我想我们还没有明确的可靠的经验方案。我在《人类世的哲学》中做了一些相关的尝试，致力于探讨我所谓的"生活世界经验的重建"的几个可能方向，比如我重点关注了时空经验的改变，因为时间和空间经验构成我们世界经验的核心部分，而我们过去关于时空的理解过于简单，主要采纳了牛顿物理学的时空观，认为时间是线性的，是一条永不回头的直线，空间是由长、宽、高三维组成的绝对空间。但今非昔比，现代技术和现代工业已经改变了我们的时空经验，至少在这一点上，比如时间是可以压缩或拉长的，我们在自然条件下几乎不可能看到一朵花从花苞到盛开的全过程，但通过技术手段，我们可以在十秒内看完一朵花开放的全过程。这样一来，传统的时间经验就完全变了。空间也是如此。所以，一些现代哲学家便开始讨论一种非科学、非物理、非自然人类意义上的时间概念和空间概念。在这方面，我们依然要回溯到马克思。马克思首先指出，时间和空间是生产的尺度，而非物的运动的计量。这是十分高明的见解。可惜的只是，马克思在这方面的思考未能充分展开。此后才有尼采和海德格尔的相关思考。尼采探讨了与我们的行动（创造性行为）相关的时间概念，海德格尔更把过去—当前—将来三维循环涌现的时间性理解为此在存在的超越性结构。

新时间理解的出现并不意味着科学的时间概念和时间经验就彻底无效了或者消失了。科学的时间概念仍旧以"钟表时间"的方式存在，是人们日常计时的手段。科学的时间观念是"物"的时间，是亚里士多德所说的运动的计量；而尼采所说的是"事"的时间，它表现为创造的时间和艺术的时间，在此意义上，时间不再等于运动的计量，因为创造和艺术是难以预计和量化的。灵感的迸发往往毫无征兆，却是艺术创作的核心。我们看到，尼采在19世纪80年代便提出了与线性时间概念相区别的"事"的时间概念，而爱因斯坦在20世纪初提出了相对论，否定了经典物理学的"绝对时间"概念。爱因斯坦认为时间和空间是与物质运动紧密联系在一起的，因此是相对的，从而在物理学上也实现了对传统时间概念的突破。尼采与爱因斯坦之间，是不是也有可比较之处？

三、创造性的重复才是有意义的生活

张松：我在您这本书里读到您关于尼采的"永恒轮回"概念的讨论，但您的观点似乎与印度教或佛教的观点大相径庭。

孙周兴："永恒轮回"是尼采在19世

80年代的《查拉图斯特拉如是说》一书中传达出来的，我不能排除它与佛教"轮回"概念的关联，因为尼采受叔本华影响很大，而叔本华受佛教影响很大。但尼采的"相同者的永恒轮回"概念确是另有旨趣的。尼采此时提出了一个十分生活化的问题：我们每个人每天都在不断重复自己的行为，其重复的意义何在？尼采所说的"相同者"其实应理解为"相似"，重复并不是"同一性"的重复，而是"相似性"的重复。时隔半年我还认识你，其实你已经不是半年前的你，而只是一个与半年前的你相似——相同——的你。根本就没有"同一性"，而只有"相同性"。尼采根本上是要告诉我们，通过创造性的行为，我们每一次的相似重复都是有意义的，都不是真正的同一性重复。所以尼采最终又回到了艺术，因为艺术追求创造的奇异性和独特性，"不一样"是艺术的本质。尼采的观点是：只有通过我们的创造性行为，通常所说的艺术活动，我们人生的重复才是可以忍受的，才是有意义的。

　　尼采从化学、物理学等方面对"永恒轮回"学说做了许多论证，但我认为，其中最有效的一个证明是他在《查拉图斯特拉如是说》中讲的三句话：所有直线都是骗人的，真理本身就是弯曲的，时间本身就是一个圆圈。这也是尼采哲学中最重要的三句话。尼采的这些观点在今天看来依然具有意义，但他并不是在神圣高光的层面上讨论这些，相反地，他是沉落到每个个体的基础问题中来讨论，比如：我们为什么活着？为什么要重复自己的行为？重复的意义在哪里？尼采认为，这些听着无聊的问题对我们的生活来说是前提性的。

我在书里也提出了"圆性时间"概念，实际上这个概念也起于尼采所说的"时间本身是一个圆圈"。"圆性时间"与"线性时间"不同，它启示着另外一个方向。所谓"线性时间"是自然人类的传统精神价值体系和表达体系的前提，根本上，西方哲学和宗教都是为克服"线性时间"而产生的，因为我们自然人类无法承受时间的无限无尽的流失，但又没有办法，所以只好自欺，创造——虚构——一个不变的、即无时间性的永恒世界。作为自然人类的精神表达方式，欧洲形而上学通过哲学与宗教分别构造了一个先验—形式的世界和一个超验—神性的世界。现在，这个——这两个——不变的无时间的永恒世界已经被判了死刑。随着技术工业的不断推进，自然人类进入被现代技术所掌握，而且与自然生活世界越来越远的时代，此时此际，我认为我们应当重新来思考什么是时间，什么是空间了。

张松：您刚才提到的"线性时间"概念以及古希腊人的时间概念，我可以理解为都是农耕文明的产物，进入初级工业文明之后，它们尚且适用，而一旦进入今天的技术时代，这样一种时间观就需要改变了。尼采曾有"末人"和"超人"的说法，这里的"超人"其实指的是未来人吧？您最近的研究重点是技术与未来，是关于未来文明的思考，那么您认为，人类的未来将会是怎样一种状态呢？

孙周兴：说实在的，过去我一直不怎么喜欢尼采，对哲学研究者而言，尼采的思想和文风都过于狂野了。在传统哲学中，所有观点都需要经过一步步论证，要论证观点的合理性，可尼采大不一样，比如前面我们曾提到尼采在《查拉图斯特拉如是说》里说的三句话，他只提出观点，却没有好好论证。这从传统哲学的角度来看是大成问题的。不过，随着这些年对尼采基本作品的翻译和更深入的研究，我越来越觉得尼采思想的强大和有趣。

如你说的，尼采把我们现代自然人类称为"末人"，是"最后的人"，是最后的自然人类，虽然这话听起来有些惊人，甚至于耸人听闻，但事实上，我们每个人身上的自然性已经不断下降，还在加速下降，而被技术改造的成分和部分正在持续上升，包括精神技术化和身体技术化——人工智能、大数据是对我们精神的技术化，而基因工程、环境激素等是对我们身体的技术化。这是我们现在看得到的事实，但尼采所处的时代还根本没有这些"先进技术"，更不消说尼采当时生活的德国，相较于其他欧洲国家，尚处于比较落后的状态，而他竟然有如此深远的前瞻性和预见能力。尼采对"末人"的定义更令人佩服，他说"末人"就是不断被计算、被规划的人。此外，尼采的"超人"概念是经常被误解的，在《查拉图斯特拉如是说》的序言部分，尼采已经把"超人"阐述得非常清楚了，指出"超人"的基本意义是"忠实于大地"。可见尼采的"超人"是一个否定超越性理想，直面当下感性世界，通过创造性的瞬间时机来追求和完成生命力量之增长的个体"此在"。因此我认为，尼采已经看清了自然人类的衰败和技术人类的扩张，以及两者之间的冲突关系。其实马克思在《1844年经济学哲学手稿》中也有类似的讨论，他把这两者称为自然主义与人道主义之间的冲突，并且认为共产主义可能是人类的最后归宿。按照马克思这个设想，共产主义理想就是人类的自然性和技术性达成了某种和解。

马克思和尼采都是伟大的预言家。但任何关于未来的预判都是有风险的。也正因为这样，传统人文科学一直都是顾左右而言他，一直都在学习古典，反思过去，甚至虚构一个美好的过去时代。我曾经多次讲过，1900年人类平均寿命不到40岁，现在人类平均寿命已经接近80岁，这时候，如果我说古人过得比我们好，你们能同意吗？技术工业为人类生活带来了各种福祉，人类文明程度获得快速提升，但同时也为自然人类造成巨大的风险。在这个问题上，我比较认同斯蒂格勒的一句话：技术既是毒药，也是解药。

四、抵抗的目的不在于"逆转"，
而在于保留人仅存的自然属性

张松：您刚才讲到技术统治的文明大势，虽然我们人类在不断抵抗，但终归是徒劳的。当未来技术可以为我们解决一切所需的时候，似乎只有艺术尚且保留了人类最后的自然性，那么从未来哲学的角度，我们应该如何理解艺术呢？

孙周兴：我其实一直持有比较中庸的观点，一方面我反对大部分人文学者的技术悲观主义态度，另一方面我也不赞成技术专家们的技术乐观主义立场。我在《人类世的哲学》里也发表了自己关于技术的一个观点，即"技术命运论"。何为"技术命运论"？其实是努力超越技术乐观主义和技术悲观主义的立场，形成一种公正适度、合乎命运的技术哲学观点。我的基本判断是，目前大概已经没有任何一个个人或者一个组织能够完全抵抗来自技术的改造和统治力量，但这并不意味着，正在越来越被技术化的自然人类可以完全放弃抵抗。"抵抗"大抵是自然人类的宿命，其基本方式是艺术人文学，特别是其中的艺术和哲学。第二次世界大战之后的当代艺术已经体现出一种保卫个体自由的强有力的抵抗力量。我以为，如何在技术统治的同质化与同一化进程中维护个体自由，将是艺术人文学的未来使命。抵抗的目的并不在于扭转技术统治局面，而在于努力缓解日趋膨胀的人类贪欲，使得我们在盲目追求高科技，追求高增长和高 GDP 的末路狂奔中能够稍稍安静下来，保留人类最后的自然属性。所以我的说法是：在无可挽回中寻求自然人性之保存！

后人类主义恐怕也有问题[1]

——关于《从元宇宙到量子现实》

我一直关注着华东师范大学吴冠军教授的研究。今天因为在外地出差，我不能到现场学习，只能在线上谈谈吴冠军的新书《从元宇宙到量子现实——迈向后人类主义政治本体论》（中信出版集团，2023年）。首先

---

1. 根据作者2023年6月23日下午在华东师范大学主办的"元宇宙、人类世与奇点哲学"研讨会暨《从元宇宙到量子现实》《陷入奇点》《将人生哲学到底》成果发布会上的发言整理成文。刊于《中国社会科学报》，2024年1月10日。

我想说，冠军这本书实在太大了，两年前的《陷入奇点》收在我主编的"未来哲学丛书"中，估计有 60 万字。现在这本稍薄些，但大概也有 50 万字了。冠军太能写了，当然是好事。不过我想说，今天已经不再是"大书"时代，"小书"时代到了。况且，把"元宇宙"做成纸质"大书"，好像也是成问题的。

以我之见，吴冠军的这本《从元宇宙到量子现实》是一部承载"大政治""大想象"与"大艺术"的著作。这是这本书的贡献。首先是"大政治"，它原是弗里德里希·尼采的概念，但我们知道，尼采的"大政治"是生理学—心理学导向的，显然是站在"自然人类"的立场上来思考的，而吴冠军的"大政治"——所谓"后人类主义政治本体论"——却是量子论—宇宙论的，两者当然是不可同日而语了。

其次是"大想象",吴冠军在这本书里面通过一系列新奇时髦的概念和论题,诸如"元宇宙""元物理学""奇点""熵""人类世""黑暗洞穴""无边界宇宙""数学宇宙""参与性宇宙""量子现实""世界化成"等,着力于"未来+""资本+""影像+""现实+""世界+""政治+"六个"通道",形成了一种关于虚拟现实和未来世界的宏大政治哲学构想。面对这个加速变化的技术新世界以及技术人类的新存在样式,我们确实需要启动想象,创新我们的表达和话语,光靠传统哲学的概念方式是不够的了。这个工作肯定要由人来做的,吴冠军实际上早就开始了。我认为他的构想是高调乐观的,是一种"大想象"。

与"大想象"相关的是"大艺术"。吴冠军这本书完全可视为一个"艺术文本",它试图突破"人类主义社会科学",探讨后人类个体和亚个体的能动者的"内行动",参与他所谓的"世界化成",在我看来,实际上是实施了博伊斯的"当代艺术"意义上的艺术政治实践——"社会雕塑"。这是很有意思和意义的。搞哲学和做理论变得越来越难了,现在日新月异的新技术和新现象,要求我们不断构造出关于未来世界的假设性理念,这时候就需要艺术了。吴冠军的最近几本书表明,他是有这个创造力的,而且已经取得卓著的成效。

因为书太厚,意思太过宏富,我可能还没有完全读进去,只形成了可能不太成熟的几个问题,提出来请教作者。概括起来是简单的三句话:本体论不是变易论;未来不可考古,但可预感和想象;"后人类主义"的理论立场恐怕也有问题。

首先是一个技术性的概念用法问题，涉及关于"本体论"的理解，我想说，"本体论"不是"变易论"。吴冠军想要构造一种"可变化本体论"或者"变易本体论"，但这个表述不免粗糙。理论表达固然需要创新，但重新为传统概念和专名赋义，还是谨慎一些为好。"本体论"或者通常译成"存在论"的 Ontology（我愿意把它译成"存在学"）是关于"存在—形式"的讨论，历来如此。起源于古希腊的"本体论"构造了一个不变的形式—观念—抽象的世界，这个不变的形式世界在今天的数字时代里已经充分实现和展开了，通过数字存在、大数据和人工智能，也包括所谓"元宇宙"。关于"变易"或者"生成"（becoming），自亚里士多德开始就已经形成另一种探讨方式，即后世所谓的"实存论"或"实存主义"。没有可变的本体论，而只有关于可变之物的形式结构的揭示，就像海德格尔在他的《存在与时间》中所做的那样；而且，海德格尔后来的思想经验也表明，此路不通。

但无论如何，吴冠军敏感地洞察到了一点：关于虚拟世界的存在，必须有一个本体论意义上的新规定，此即他所谓的"后人类主义政治本体论"。我也曾称之为"扩展的存在学／本体论"。基本意思是，我们需要重建——扩展——存在理解。

这也涉及我想议论的第二个问题，即吴冠军教授所谓的"未来考古学"，他称之为"一个全新的研究路径"（第6页）。"未来考古学"听起来是一个背谬论的、饶有趣味的设想，颇有张力，也有意思。但"未来考古学"能够成立吗？我在最近几年里积极推动"未来哲学"的研究和讨论，经常受到的批评是：未来未来，未来不可知，如何可能对之进行哲思和言说？哪有什么"未来哲学"？对历史的解构是未来之思的前提，这一点当然没有问题，吴冠军的讨论把"元宇宙"追溯到"元物理学"即"形而上学"，在这个意义上谈论"考古学"也许是可以成立的；但书中又说"未来考古学"是要"对已有的关于'未来'的种种陈述，进行批判性与分析性的研究"（第40页），把这样的研究称为"未来考古学"，在我看来是相当勉强的，而且可能成为一种理论上的自我设限，因为未来不可知，但不可知不代表不可预感和不可想象。未来是可以想象的，是需要想象性探测的。关于未来的想象和探测归于艺术或艺术哲学，而不是所谓考古学。

第三个问题是"后人类主义"的立场问题。吴冠军首先试图为"元宇宙"正名，通过在他看来由量子力学开启的"可变化的本体论",给出"世界不确定"和"世界不真实"的假定:"我们所处身其内的'世界',一点不比虚拟的元宇宙更真实。"(第9页)自19世纪中期以来,主要由马克思、尼采发起的现代哲学批判以传统形而上学构造的"真实世界"(即哲学构造的先验—存在世界与神学构造的超验—神性世界)为目标,形而上学的"真实世界"也被尼采叫作"另一个世界"或"超感性世界"。而"这个世界",我们处身于其中的这个"感性世界",被重新确认为"真实世界"。当吴冠军断言我们的生活世界一点不比虚拟世界更真实时,他是要把被现代哲学颠倒的世界重又颠倒过来吗?

我最近读了当代德国哲学家马库斯·加布里尔(Markus Gabriel)的《为什么世界不存在?》,他所谓的"新实在论"听起来很玄妙，但其中关键的"意义场"理论其实是与海德格尔的"世界论"一脉相承的。与吴冠军不无类似，而且可能变本加厉，加布里尔直接就说"这个世界不存在"[1]。但这个世界真的不存在、不真实吗？今天的现实、今天的世界不再是一个绝对主义的现实和世界，我们当然要看到这样一个世界的多元化和相对化。现实是多元的，碎片化的，没有绝对现实。然而，多元的相对的现实并不意味着这个世界不真实，甚至不存在。这个世界依然"真实"——只不过这个"真实"是相对的真实。我们不能干脆从一极跳到另一极。

我们毕竟还处于自然人类的语境里面，虽然自然人类正在被加速技术化，自然人类

---

1. 可参看加布里尔：《为什么世界不存在？》，王熙、张振华译，商务印书馆，2022 年。但他对人工智能、元宇宙的看法是与吴冠军相左的。

正在向所谓"后人类"演进。什么是"后人类"？"后人类主义"是合法的吗？关于"后人类"虽然已经有多样说辞，但指向基本一致，指的是由现代技术所规定的新人类存在形态。在此意义上我们不得不承认尼采的天才预见，他说的是被计算和被规划的"最后的人"或"末人"。注意，尼采在此用了"计算"和"规划"两词，仿佛已经刻画了20世纪后半叶才真正启动的"数字文明"。

今天我们应该采取何种哲学立场？今天的哲学怎样来探讨问题？在自然人类的具身存在和技术人类的虚拟存在之间，我们要站在哪一边来发言？吴冠军的立场是显然的，他是一位坚定的"后人类主义者"。但以我的理解，"后人类主义"就如同"人类主义"，也是一种成问题的立场。因为，哪怕像吴冠军在书中所说的，"这个'世界'的人类文明，业已进入剩余时间"（第10页），或者如英国物理学家霍金所断言的，自然人类终将丧于机器人和人工智能，自然人类文明只有百年时间了，但只要纠缠于自然与技术、具身与虚拟之间的人类依然寓居于世界与语言之中，就还不可能彻底放弃"人类主义"立场而采取所谓的"后人类主义"立场。

周濂在评论福山《我们的后人类未来》时给出了一个"折中"策略："展望现代科技的发展前景时，必须要摆脱人类中心主义的思路，唯其如此才能预见危机。与此同时，反思现代科技所带来的伦理问题和政治问题时，人类中心主义却是必须坚持的原则和底线，唯其如此才能解除危机。"[1] 这个策略令

1. 参见周濂的导读《用政治"锁死"科技？》，载弗朗西斯·福山：《我们的后人类未来：生物技术革命的后果》，黄立志译，广西师范大学出版社，2017年，第X页。

人无语，但恰恰是当代理论在面对碎片的和多元的现实时的正常姿态，一种务实的和清醒的姿态，也许可以与海德格尔的"二重性"（Zwiefalt）思想策略相对照。如果说未来人类面临的是一种根本意义上的"二重性"，即自然与技术、自然人类与技术人类的"二重性"，那么，理论立场上的"人类主义"与"后人类主义"是不是也不得不构成一种不无背悖的"既—又"二重性？

未来哲学的主题和使命 [1]

听众： 如何从技术突变导致文明裂变的角度，来观察和思考关于"一元主体主义"和"多元主体意识"之间的价值判断和选择？

孙周兴： 技术工业导致文明裂变，我认为主要是自然人类文明向技术人类文明的一

---

1. 系作者于 2021 年 9 月 1 日晚 8 点泰普洛领导力对话直播时关于"未来哲学"的线上答问，此次直播题为《技术·生命·自由——未来哲学三大主题》，由工作人员事先收集了听众的问题。未发表过。

次巨大转换。这时候，首先技术逻辑成了主导性的逻辑，人类进入技术统治形式，但自然人类精神价值和表达方式还留存着，虽然势力越来越弱化了。在技术统治与政治统治之间，在技术一元化—同质化与自然人类各族群的多样声音之间，在技术本身提供的更多公共空间和自由表达空间之间，充满了变数、冲突和对抗。所以混乱是难免的，动摇不定也是必然的。一元论太单一绝对，而多元论又难免沦于判断失据和自相矛盾。

我愿意给出的建议是：采取二重性—差异化思维，既要承认主流技术一元统治及其同质化进程是不可挽回的进程，同时又要坚持个体和地方多元差异，因为肯定个体差异性、保护个体自由，当成为所有制度和统治形式的试金石。

听众：在信息多元爆炸的"后真相"时代，如何突破认知的局限，去化解无真相的尴尬和困境？

孙周兴：所谓"后真相"，说的是在今天这个新媒体时代，情感和个人信念比客观事实更能影响舆论，所以没有真相了，以前那种事实—真相——对应的状态已经不再。没有了真相，我们怎么判断，怎么讨论？这是今天人类的困境之一，许多无端的争吵和冲突是由此开始的。我也不知道怎么办，因为我也经常陷于这样那样的尴尬和困境中。

我想说的是，首先，我们得承认"后真相"时代的好处，"唯一真相"或"唯一真理"也是可怕的，现在媒体发达，为我们带来了更大的可交往性和可表达性，这时候，我们更自由了，这是好处。但坏处在于，我们可能进入相对主义、虚无主义的状态。所以这是两面的。其次，要有开放的姿态，用单一尺度衡量一人一物的时代已经结束了，现实碎片化了，事情总有多维性，而人总是在自己的视角里观看，总是有不同的尺度和标准，后者可能是相互矛盾的。但为什么不能相互矛盾呢？多元时代需要多元开放的思想和表达。

听众： 在不久的将来，如马斯克的人机连接，人类是否会运用技术手段，从自然进化的纪元进入自我进化的纪元，而这种进化是否还遵循达尔文原则？

孙周兴： 这是一个高难的问题，恐怕没人（自然人）能知道。库兹韦尔他们说的人机相接，据说是越来越近了，本来说要十年后才能实现，几个月前的说法是五年左右。技术加速，这事是有可能的，但后果如何，我们还只能猜度。人机相接，标志着技术对人类精神的全面控制，至少可形式化—可数据化的知识内容将不再需要学和教，这时候，自然人类文明的逻辑就彻底崩溃了，这个逻辑一直在模仿—学习与理性—计算之间博弈，现在这个逻辑就成问题了。达尔文自然进化的原则当然已经不适用了。

听众：如果从尼采超人哲学体验一切的角度，人类意识脱离肉体而进入一个共生共存的状态，是否会成为必然趋势，这种状态是否还会遵循人性？

孙周兴：这个问题指向不明，我还不知道你想问什么。当然事情不简单，追问不易。尼采的"超人"是一个不好懂的表达。什么是"超人"？尼采说"上帝死了"，我（查拉图斯特拉）来教你们做"超人"，可见"超人"是一个后神学—后形而上学的人的理想。这个人的理想不再是超越—神性的，而是大地性—自然性的，因为尼采说：超人的意义在于忠实于大地。现在我愿意说，尼采大概是看到了未来，在未来文明中，"末人／最后的人"进入被计算和被规划的技术化进程，而"超人"则要尽力维护"自然性"或自然人类的"尊严"。怎么维护呢？尼采说还得通过艺术和哲学，于是在他那里，"超人"或可等于"艺术家—哲学家"。你说的"人性"还在，还要维护，但它在变，而且已经进入"自然—技术"的二重性逻辑中。

听众：作为教育工作者，比如老师，非哲学专业，如何学习哲学，以及怎样在教育教学中应用并启发哲学思维？

孙周兴：非哲学专业的老师怎么学哲学、

用哲学？这个问题很具体，但也不好答。如果你是做理论研究和教育的，比如从事文艺理论研究，那么，你就是在学习哲学，从事哲学。不要把哲学狭隘化了，我们完全可以列出一个等式：哲学＝理论＝科学。哲学无非是一种论理的理论，主要以论辩（论证和辩护）为主的思想方式。就此而言，人人都是哲学家。当然，学习哲学和应用哲学，这是要自觉地"做哲学"了，我给出的建议是从自己的专业需要出发，哲学是"论理"，而首先要论的是你自己的专业的理。

听众：哲学专业人士如何做哲学下沉和启蒙？除了出书和讲课，还有怎样的途径和图景？

孙周兴：我大概算是哲学专业人士，虽然我本科专业是地质学，而不是哲学；虽然我现在约一半时间在从事艺术理论和当代艺术的研究，也未必是严格意义上的专业哲学。公众对哲学家（哲学专业人士）的想象是闭门造车的高人，高冷人士。确实哲学是自然人类精神表达方式中最稳重、最冷僻、最不食人间烟火的一种方式。但我以为，现在情况有变，康德式的哲学家生活在今天已经不合时宜了，哲学家需要食人间烟火。在未来哲学的眼光里，如果哲学不能为技术生活世界经验的塑造和重建做一点儿贡献，那就是失职了。

就个人而言，写书、讲课依然是哲学专业人士基本的工作方式，但时代变了，媒介变了，我觉得哲学人士也应该拓展工作方式，像今天晚上这样的网上课程和对话，也是一种方式。我有一门课被搬到网上了，不到一年有六七万人听，要在线下讲，还不是得讲二三十年？以后虚拟技术（VR）发展了，也许我们就可以在线上"面对面"交流，而不是像现在这样，你们可以看到我，而我看不到你们，不好。

听众：中国人和中国教育，如何看待哲学启蒙，比如像法国那样？如果像法国那样普及，对中国会有怎样的意义，对中国人的每个个体，又会有怎样的不同？

孙周兴：最近有《南风窗》记者来采访我，主题是"中学生与哲学"问题。我的大致意思是，哲学是一种以论证和辩护为主的思想方式或观念构成方式，它要为我们对外部世界的看法作出论证，也要为我们的行动提供辩护。就此而言，哲学适合所有人，是每个人的哲学。哲学无所不在，渗透于多样的教育方式中。但专业哲学的论证和辩护需要成熟的心智以及丰富的人生阅历，青春期的中学生们心思还不够稳重严肃，他们更富于热情，更善于想象，他们总的来说不怎么需要哲学，不怎么适合于哲学。不过也有心智早熟的少年和青年，很早就开始接触哲学，甚至以哲学为志业，对他们，对这些"另类"，家庭、学校和社会要给予充分的宽容和接纳。

听众：人工智能的出现，对未来哲学的发展有什么样的影响？

孙周兴：这几天网上流传马斯克的一个视频讲话，特别好，叫作《这是我最后一次警告人类》，标题特别吓人，内容很好。我们知道马斯克是走在科技前线的人物，他对未来有许多想象，但他警告人类：人工智能比原子弹危险多了。原子弹是什么？按照哲学家安德尔斯的说法，是绝对虚无主义。人工智能是什么？对自然人类精神（智力）的绝对碾压，绝对胜出。它是我所谓"人类技术工程"的主体部分，它的加速赶顶也表明技术已经彻底失控。

未来哲学本身无关紧要，紧要的是人类何去何从。

听众：为什么说"未来哲学"不仅仅是关乎当下的问题，更关乎人类文明的限度在哪里、怎么走的问题？

孙周兴："未来哲学"区别于以历史性为指向的传统哲学和人文科学，它是在技术工业对自然人类及其生活世界的彻底改造之下产生的哲学形态，它具有不同的时空尺度，不同于自然人类的线性时间观和三维抽象空间观，可以说基于一种非线性的时间经验（圆性时间）和非抽象的空间经验（实性空间）。人类靠回忆度日的时代结束了，今天我们不得不面对一个技术统治的新生活世界，它的尺度变了，"未来性"被揭示为人的本质，而技术风险也让我们不得不重视"人类"的未来命运。

听众：面对技术逻辑、资本逻辑、权力逻辑的扩张，人文哲学定位应该如何？

孙周兴："人文哲学"的说法不一定妥当，甚至"人文科学"的名称也不见得好。我最近的说法是"艺术人文学"。

面对技术—资本逻辑，"艺术人文学"的基本任务是"抵抗"。不是说技术工业和技术生活世界是万恶的，一定是末路，但它有太多的不确定风险，所以要减速、减熵，要力争在自然与技术之间为自然人类争得机会，哪怕是喘气的机会。今天技术的加速仿佛已经是"末路狂奔",必须有一种势力,来自每个个体,我们命之为"艺术人文学"。

听众:未来哲学对人类生存发展有什么指导意义,它的关注点主要在什么地方?

孙周兴:"未来哲学"不是我首倡的,最早是哲学家费尔巴哈,他在 1843 年就出了一本书,叫《未来哲学原理》。他以前好像没有哲学家提过,当然,康德写过一本《未来形而上学导论》,但语境是不一样的。费尔巴哈之后,提倡"未来哲学"最积极的是尼采,他为此做了许多准备工作。我大约也是从尼采出来,重提"未来哲学"的。

"未来哲学"的提出本来就是为了处理人类生存困境难题。"未来哲学"的核心主题是个体生存 / 实存,在德语中即 Existenz。个体实存总是有问题的，不但有日常生活的各种难题，而且还面临终极性的问题，即死亡问题。根据存在主义心理学的一个说法，人生实存四大根本性问题（所谓终极问题），即死亡、自由、孤独、虚无／无意义。这些根本问题是个人性的，也就是说，别人是无法替你解决的，甚至是无法替你感受的。不过，存在主义者假定，这些人生实存的根本要素和根本命题，一般而言人生在世的基本情态，还是有其共性或形式结构的。揭示这些共性或形式结构，是作为实存哲学的未来哲学的任务之一。它谈不上指导意义，但显然对个体是有帮助的。

除了个体实存与自由，未来哲学的另外一个关注点是技术与未来，或者说技术与人类命运。对传统人文科学来说，未来之维一直不受重视，但现在，在技术工业的支配下，

210

自然人类精神体系渐渐退隐和消失，已经和正在继续生成一种技术主导的文明体系，一个技术工业支配的新生活世界，这时候，未来哲学应运而生，它虽然未必反传统和反历史，但它更关注当下，关怀未来。

听众：如果您有机会和海德格尔有一个下午的共处时间，很好奇您会和他探讨哪些主题？

孙周兴：这个问题有意思，没问过自己。海德格尔是 1976 年去世的，当时我 13 岁，好像刚上初中，当时还是人民公社，小孩子们不读书的，尤其在我们农村。我的成绩也是相当不好。然后就有了高考。我 1979 年高中毕业时没考上中专，本来是要去学泥水工的，家里穷没办法。后来我提出来能不能让我复读一年，结果我妈同意了。一年后我考上了浙江大学地质学系。要是我妈当年不同意，我现在大概是一个建筑包工头，弄不好还是一个老板，哪里会知道尼采、海德格尔什么的。我觉得这就是命吧，不说也罢。

我去过两次海德格尔在黑森林的小木屋，几年前也去过他在弗莱堡郊区的别墅，这个别墅现在是海德格尔的孙女儿住着。当时有一位中国留学生租了海德格尔家的一间房，我们一帮中国学者和学生在他家地下室里喝酒，心里是有好多感慨的。下午刚到的时候，他孙女儿还让我们参观了海德格尔的书房，等等。

如果海德格尔在家，我会跟他讨论什么？我想第一个问题是语言，这是我的海德格尔研究的头一个问题。海德格尔把语言与存在并举，所谓存在就是被语言规定、被语言揭示和掩蔽的存在，而所谓语言就是存在的显隐二重性运动。这听起来很玄秘，但其实又是日常生活中不断发生着的现实情况，是生活世界的基本逻辑。但这方面有许多未解的问题，比如语言神秘主义、语言差异性、语言与地方、诗意语言与日常语言、诗意语言与技术语言的关系等。第二个问题是技术。海德格尔的存在历史观假设了两个"转向"，第一个转向是早期神话—文艺向哲学和科学时代的转折，而"另一个转向"则是哲学—神学（形而上学）终结后的技术文明。那么问题是，所谓"另一个转向"是不是我所说的自然人类精神系统的崩溃？"另一个转向"是不是"人类世"？关于技术统治的生活世界，海德格尔的建议是let be，即所谓"泰然任之"，基本上可以理解为"放下"和"不作为"，这是不是太消极了？等等。这些问题都是需要我们去深究的。

第四编

我们越来越需要哲思的定力

抵抗者的姿态

——《南方人物周刊》采访稿[1]

导语：孙周兴过去常说，尼采"太野"，还是喜欢海德格尔的沉稳，更合他的心性。但走出书斋，公共领域中的他，更像忍不住要戳皇帝新衣的顽童，大战风车的堂·吉诃德。

"人生很多面向，都有抵抗的主题和要

---

1. 系作者接受《南方人物周刊》记者陈竹沁的采访稿，刊于《南方人物周刊》，2018 年 11 月 21 日，刊出时的标题为《魅力人物 | 孙周兴：有一说一的"哲学农民"》。

求，对学哲学的人来说可能更强烈。我算是一个善于抵抗的人。"有时候，他清晰地看见巨人的模样；有时候，那形象加速度膨胀，看不真确，让人无力抵抗。艺术和神秘，遂成最后的堡垒。

一、农民

同济大学云通楼，最早是经管学院的地盘。一个长方体连接一个圆柱体，法国人的设计，孙周兴觉得蛮好。人文学院搬进来后，一众师生最喜五楼露天中庭，一度兴致勃勃说要在这儿种菜。十多年过去，菜是一天没种，木栅栏隔起的方寸之地，落得杂草丛生，庭院荒芜。倒也不失为野蛮生长的自然之风。

曾有好事网友指着大楼内部旋转结构，猜测"云通"有"平步青云"的意思。2006

年同济百年校庆那会儿，孙周兴主持的校园建筑命名方案要是成了，赤峰路南校门这一侧，就该是"阳明"对着"歌德"（人文学院对面中德学院）了。八年后有过一次重启讨论，到底还是不了了之，留下"彰显大学之道，汇通中西文化精神"的初衷，搁在方案设计书开篇。问及这桩旧事，孙周兴咂咂嘴，"我们学校这帮农民……"

"农民"是他常挂嘴边的词，自嘲骂人两相宜。公开演讲，不管是吐槽自己的绍兴口音，还是看不惯别人的套路，都大可盖上"农民"的戳记——在他来说，农民嘛，好坏都有，就是个"中性词"。

"国人还是脱不了农民腔，现在不少人说西方文明完了，马上轮到我们中国人了，只有儒家文化能救世界了。不能这样想的。现在文化现实依然是欧洲科技文明决定的，好像还没有动摇的迹象。正是因为他们的主导性，当代思想才说要寻找多样性，在科技工业之外开辟新的思想可能性，因而关注东方。这个时代需要多元思想，我们也应该采取开放的姿态。"

孙周兴是 60 年代生人。绍兴会稽山老家留给他的童年记忆，只有山村夜间的狗吠、不充分的口粮和墙上反复涂抹的标语。第一年没考上中专，母亲让他去学泥水匠，已经拜了师，但他要求复读一年，临近高考胸前被毒蚊子咬了个包，严重到撑破后背，高烧不退，却意外让他超常发挥。数学三道大题不会，如有神助地写下正确答案，中间毫无论证。他的考分足以任挑大学和专业，他自己填了浙大地质系，直到进校后才知道是被人嫌弃的一个专业，"农民呀，当时什么都不懂的"。

1984年大学毕业，孙周兴被分配到山东矿业学院教书，对本专业兴趣寥寥，日子也乏善可陈。昔日的校园诗社青年，连诗都写不下去了。在图书馆翻看60年代旧杂志，偶然读到北大熊伟先生翻译的《论人道主义的信》，孙周兴开始惊异于哲学的奥妙。这篇海德格尔写给崇拜者的信，批判了萨特的存在主义学说，标志着海德格尔的思想转向，其中已透露出其有关"遮蔽—解蔽"的存在本质的玄思。

也正是这篇文章，开启了孙周兴与熊先生的通信。发狠自学德语，考上浙江大学哲学硕士，毕业论文解读海德格尔后期思想，熊伟先生只用了一句话评阅，表示"足供论文得以通过"，私下却来信指出几处十分细节、不易发现的错讹。孙周兴在论文中提到一本海氏遗著，以为尚未整理出版，八十高龄的熊先生亲自跑去复印给他寄去。

熊伟先生曾留德，亲聆海德格尔授课，却不愿自称其门生。去世前，这位中国海德格尔研究奠基人对自己的学生陈嘉映等人说，"孙周兴是我的学生"。而他在孙周兴身上留下的影响，是诗与思的通达之境，是课堂上和学生们拿着自己的译文逐字推敲研讨。

想起浙大的硕士导师刘锡光先生，孙周兴也悲叹不已。这位刘老师讲学神采飞扬，吸引浙大一众理工学子，落笔表达却逻辑不清难解。他后来才惊讶地得知，刘老师在50年代被打成右派，在离他家不足五公里的采石场劳动，说不定他曾经路过见到他，还骂过几声"臭老头"。熊先生也几乎是"述而不作"，二人都堪称时代悲剧下的"失语者"，错失了最具创造力的年华。

海德格尔称得上当代国际第一显学，著

222

作和二手文献汗牛充栋。如今放在汉语学界，孙周兴是绕不过去的名字之一。除了最早的《存在与时间》，海氏著作大多数中译本出自他手，所谓"孙译海德格尔"，名声在外。

同济人文学院教授张永胜写过一篇《哲学农民孙周兴》，正是借这个词称道他在哲学领域的辛勤耕耘："且不说他的这个'夫子自道'与海德格尔对大地和农人的推崇有无关系，农民性格的最大的特点就是不信邪，同时相信一分汗水一分收获。"

今年6月，历时六年组织编译出版，30卷总计1100万字的《海德格尔文集》正式发布。孙周兴的办公室墙角堆了一排，"中文世界的海德格尔研究终于有了一个比较完备的文献积累，从而有了一个比较坚实的讨论基础"，"我们最多再补个十卷就够了"。几年前，他在德国克劳斯特曼出版社看到总编书架上日本海氏译著占了三格，而中文译本却只有几本，羞愧难当，现在中文版总算也能放满一格书架了，也是对熊先生的告慰。

"德语太难了，我还是没学好。"孙周兴自谦。工作任务还剩一套《尼采著作全集》，"海德格尔算是大概把握了，也只能说是大概，尼采还得深入，要进入一个领域不容易，每个领域都至少得花十几年功夫才行……"张永胜于是说："像孙周兴这样有一说一有二说二的'哲学农民'，在当下的中国学术界，大概还真就他这么一个。"

二、未来

两个国家社科基金重大项目在手，论哲学译著，孙周兴可能在中国是数一二数二的，读者也最多。1996年他出版的《海德格尔选集》（两卷本）被评为年度"十大好书"，后来成为学界外国哲学著作引用率第一名。目前，30 卷本《海德格尔文集》商务印书馆首印 4000 册已告售罄。

在电脑前摆弄学术翻译，曾是孙周兴最大的"快感"来源，因为有种平安的感觉。在他眼中，反复敲打词语，纯属"职业良心"。他推崇鲁迅先生所说的"硬译"，留下"本有"（Ereignis）、"集置"（Ge-stell）、"道说"（Sage）等生词，汇入哲学常用语库。

今天他保持着每天写作的习惯，翻译则偶尔为之，某种程度上新技术从根本上开始动摇他对这项事业的热情，"有人说，孙老师我们还等着读你的翻译呢，我说对不起啊，我马上不译了，这个时代马上过去了，我跟机器人怎么斗？"

"现在是专业和专家时代，一般人会守住

自己的地盘不放，成了某某或者什么专家。我如果能做好海德格尔和尼采研究，应该也差不多了。这时候再去拓展什么，实在是不无冒险的。没想到我接着去搞艺术哲学了，现在又搞技术哲学去了。"孙周兴笑说："你千万不要把我塑造成一个德国哲学权威，海德格尔专家啊，尼采专家啊，那很傻啊。"

顺着尼采和海德格尔的思路，他提出了"未来哲学"的概念，简而言之：哲学在"完成"意义上达乎"终结"的过程，与技术工业的扩张一体。艺术和政治将代替哲学和宗教，和技术一起成为时代决定性的命题。"未来哲学"首先是一种科学批判和技术反思，也必然要与艺术联姻。

最近，他刚刚和一家高科技企业合作，在浦东张江成立一个未来研究机构和艺术空间，预计每年举办一次"未来哲学论坛"，搞

6 到 8 次小型研讨会，6 个左右的展览，他一个晚上拍脑袋就把主题给编了出来。11 月 23 日开幕的首届未来哲学论坛，请来斯蒂格勒、加布里尔等欧洲哲学明星，还有生物技术专家裴刚院士和人工智能专家陈小平教授压阵。孙周兴正考虑去某个机器人实验室学习两个月，加深对技术前沿的理解。

"未来哲学当然具有历史性维度，甚至需要像海德格尔主张的那样实行'返回步伐'，但它绝不是古风主义的，更不是顽固守旧的怀乡病和复辟狂，而是由未来筹划与可能性期望牵引和发动起来的当下当代之思——直言之，未来才是哲思的准星。"在最近一次公开演讲中，孙周兴这样谈道。他两年前出版的一本解读尼采思想的专著，被他取名为《未来哲学序曲》，副标题是"尼采与后形而上学"。他希望接着尼采来思考未来。

"现代大学制度问题繁多，技术社会更是充满了不确定性，经常需要个人的抵抗。当然对个人来说，更多是对日常生活的无聊、重复、无意义的抵抗。尼采说，我们每天都在重复，why，彻底一点来说没意义，哲学需要论证这个过程，这个论证本身也是一种抵抗。人生很多面向，都有抵抗的主题和要求，对学哲学的人来说可能更强烈。"

孙周兴过去常说，尼采"太野"，还是喜欢海德格尔的沉稳，更合他的心性。但走出书斋，公共领域中的他，更像忍不住要戳皇帝新衣的顽童，大战风车的堂·吉诃德。"我大概算是善于抵抗的人。但我有绍兴人的特点，打不过赶快跑（笑），虽然嘴上说，等我脱件衣服跟你打。"

三、肉搏

采访这天，孙周兴一身深蓝衬衫牛仔裤，一件皮衣外套。常戴的白色贝雷帽，压过眉梢。单眼皮和眼角向下耷拉，躺在阴影里，略一严肃，就似有睥睨万物的神气。帽子遮掩下的头发，同胡茬一般短，灰白相间如两块山水相隔的盐碱地，又为他素有的粗犷加上一分。

更年轻时候，他披着一头过肩长发，乌黑、浓密、微卷，朋克气场更足。几年前他还会跟人打架。茅台喝过四两，管他什么人物，一巴掌就扇了过去。但好像都是借酒发作。唯一一次清醒状态下打人，也是在饭局上，为一位受压制的年轻教师出气。

"学术的本质是自由，应该有一套与之相应的管理方式。"当院长11年，孙周兴最得意的，就是建立起一套教授治校的学术民主规章制度。学院一个教授委员会对接学校层面的六七个委员会，决定人事、职称评定等重大事项，院长也只有一票，因此没有教师给他递烟送酒。这听起来很荒谬：好像行事粗放，但又特别在意规则。

孙周兴说，绍兴人的性格综合鲁迅的阳和周作人的阴，他可能两点都沾一些，被朋友评价为：外表粗犷，做事却细腻周到。他写绍兴"师爷鼻祖"徐渭，证明文化基因里内在的刚烈性格。"现在的人没血性。"孙周兴觉得无趣，别说被打的人不还手，与他同一战壕的人也不帮架。

去年年初，他在个人博客上踢爆核心期刊（"C刊"）合作互相引用以提升"影响因子"的潜规则，戏言将按"市场规则"对其主编的《同济大学学报》进行整改。早在

2012 年，有同行邀请参与"合作引用"同盟，他果断拒绝，回头就发了文章批判。但荒诞之事不绝于耳：一个大学两本杂志办公室门对门互相引用，一个省的十家学报形成省内引用同盟，于是全成了 C 刊；一些杂志一条引用甚至内部标价 500 元。

"如果你了解学界的恶劣程度，你简直不想做学问了。为什么人文学者对今天的技术时代没有反应？制度太烂，聪明人都去经商了。"孙周兴转而体恤当今学人："只有良好的制度能纠正社会对行业的歧视，学哲学的人实际上已经放弃了利益的要求，如果连做学术的尊严都没有了，那他连最初的梦想都没了，看到的都是虚伪和肮脏。如果整个社会都处于虚假中，大家就不知所措，不知道怎么判断一个事物，我们就全处于痴傻状态，和今天的技术现实格格不入。"

从那天起他几乎就是在"坐等"自家学报掉出 C 刊之列。几家同时落榜的水准不低的学报,有一家发表声明承认自己做得不好,另外的干脆都不敢吱声。博客里孙周兴大笔一挥"不玩了",不过主编位子还是坐到了现在。后续影响?"慢慢还是有点吧,他们在做假时得稍微想一想,万一我又出现了怎么办?"

当时博文发表没多久,主管部门领导一个电话过来,"你还是长江学者呢,怎么这么任性?"孙周兴看得透彻,他能够"有限度地讲真话",多少也是因为有他的知名学者身份作护身符。

孙周兴将在同济的"创业史"称为"肉搏",根本问题是一所工科院校的管理和评价体系与人文学科格格不入。眼下最让他头疼的是,校方对职称评定严格用科研项目和论文数一刀切，文科学者的专著却不算数，令学者们有苦难言。"有的人文学者只写书而不写论文，不行吗？"

孙周兴写下一本《欠改革的大学》，留下若干思索与实践。从一个人的研究所，到邀请陈家琪教授加入，三年时间完成硕博点，两人一个往前冲，一个往回拉，性格刚好互补。每当陈家琪叹气，孙周兴就劝他"不要紧张"，慢慢这成了他的口头禅——与海德格尔所谓"泰然任之"（let be）异曲同工。

拿自己和周边人事打趣，算得上孙周兴不自觉的乐事。不久前的一个周四，一位台湾学者在同济云通楼报告厅做完报告，他致谢总结，"难得今天是周末"，在座者无不窃笑。他似有所感，转移话题怪起麦克风来，"同济设备不大好，自从我不当院长以后越来越差……"笑声终于抖落一地。

四、沉潜

荷尔德林诗云:"我们每个人走向和到达,我们所能到达的地方。"孙周兴的哲学之路充满际遇的偶然,他极认真地说,他的人生轨迹本该是一个泥水匠、包工头、建筑商,搞得好的话今天也在上海,该是他来给高校捐款才对。

六七年前,他当院长时,有几位企业家给学院 5000 多万元的赞助款,多半是冲着他来的,他在学院设立人文基金和理事会,补贴院内学者的囊中羞涩,这才有了人文学院这些年的稳定和发展。他定下一条规矩,凡老师们争取来的赞助,都有奖励,但院长除外。"现在想想有点傻啊,不是自虐吗?"

听说获得南方人物周刊年度魅力人物奖项,太太跟他说,应该学习萨特拒领,孙周兴则戏称自己也有虚荣心："但我当院长时规定，学校里评各种奖，院领导一律不参加，不能与民争利。但这次又不是学校的，而且我早不当院长了。"

青年时代，孙周兴曾对城市生活有一种莫名的恐惧感，自比"以进城农民的眼光窥视着城市"。讨厌上街，一进市场就发怵，太太采取各种手段把他拉向闹市商场，若干年后终于放弃了。今年"双十一"刚过，太太网购的快递件在自家门口堆积如山，他哭笑不得，"怎么我们家变货运公司了？"他从中意识到，钱已经日益化身虚拟货币，待未来社会物质极度丰裕，或将失去意义。

"人，诗意地栖居"被视为海德格尔广为流传的名言，少有人知道是引自荷尔德林的诗，前一句讲的是"充满劳绩"。孙周兴以为，随着人工智能发展，未来世界的斗争，将在无业的普通人和技术专家之间展开，为有没有劳动的权利而斗争——马克思可能说对了。

最近他更感兴趣于尼采的惊人预言："末人"（最后的人）是对进入技术工业的自然人类之本质的规定，他们被量化、规划、计算，"超人"则是关于未来新人的天才般的预感，他们引导人类文明的方向，重新回归自然。两者之间纠缠着自然与技术的二重性运动，寻找新的平衡。

海德格尔的时代，已经见证自然物和手工物的退出，工业制品丧失个性、千篇一律，人的感知经验逐步落空，基因工程更可能在智力和知识结构上把人拉平，个体扁平化、同一化、集约化，个体自由解放的人类理想，可能在人工智能大数据面前被消灭。孙周兴感叹："我真愿意把保卫个体自由当作哲学的一类重要工作和任务。如何保护个体自由以及让个体有进一步创造的空间，将变成以后人类文化的一个很核心的命题。"

两年前，十几年没动笔写过诗的他，突发灵感，写下一首《没有了花我们怎么办》。一帮艺术家撺掇他，以花为主题一起搞诗画展，他苦哈哈地拉来一笔赞助，最后还自己花钱买了几张。

在那首诗里他写道："这世界正沦为无花时代。/ 这时代天昏地暗，/ 花容失色。/ 我们在昏暗中苟活，有格式而无格调……"，"人说：没有花我们怎么办？/ 神说：想到花，花就开了！"

孙周兴借用海德格尔思想，认为未来哲学要协助唤醒一种神性敬畏，"在一个后宗教的时代里，心灵的神圣之维依然留存，我们依然需要一种'后神性的神思'"。在他看来，这是一种世界性的共同信仰力量。当技术统治日益主导我们的生活，更应该推进重整全球性个体参与的讨论。正如基辛格最近呼吁的，全球政治家、技术专家、明星人文学者，应该尽快坐下来共同商讨技术的发展方向。

前年辞去院长职位后，孙周兴慢慢淡出体制，时至今日，他的焦虑更多源于未来技术的不可知，"马克思为什么对资本社会充满怨恨，因为他假设当时可以抵抗技术工业。但现在没有人敢想这个事情，已经没人认为我们可以抵抗了"。

"海德格尔所谓'既惊恐又畏惧的压抑'，以及更后来的所谓'泰然任之'，也是一个指向阴沉莫测的时代境况的诉求，呼吁着思想之重量与生存之定力。"由此，孙周兴呼吁"一种沉潜稳重的思想姿态"，"为的是告别，为的是期备"。

堂·吉诃德面对的风车，正在加速度膨

胀。艺术和神秘，遂成最后的堡垒。

多年前，孙周兴便开始涉猎艺术现象学，从瓦格纳到博伊斯再到基弗，串成一条线，均在发掘民族传统神话和神秘主义元素，重新激活当下的神秘感和意义感。这块研究带给他很大刺激。"艺术不再停留在绘画、雕塑等传统样式上，而是被赋予新的要求，就是要对技术世界进行反思和抵抗。当代艺术发展了观念艺术，观念艺术就是哲学艺术，新的样式一出来，艺术一下子扩展了，变得很有力量。"

孙周兴印象很深，去年汉堡 G20 峰会期间，有一个"千人行"（1000 GESTALTEN）的行为艺术作品，他认为是一个伟大的作品。200 多个艺术家在网上发起民众参与，共有千人之众，都扮成灰色灰脑的僵尸，在街上走了好几公里，最后脱去伪装。"我想这个作品想说的是，我们每个人都变成了没有个性的人，都变成了僵尸，你们20个国家元首讨论的政治跟我们有关吗？我们在哪里，我们每个个体在哪里？我们的政治呢？这是一种无声的抗议，太有力量了。这就是博伊斯的当代艺术。"

孙周兴说，当机器取代人做重复性劳作后，创造性的工作和游戏性的活动还将保留下来，这里面就有哲学和艺术的用武之地了。"人有些行为是很怪异的，比如我在这儿跟你面对面聊天，我心里其实在想我夫人或女儿，或者别的什么事，我不告诉你，你是不知道的。这就是人类特有的大尺度的、跨越性的想象力，这就是创造性活动。人的自由就保持在这种奇思妙想中，这种奇异性是人工智能目前替代不了的东西。所以，我在几年前就说了：人文科学的时代到了。"

只有创造性的生活才是值得一过的 [1]

谢谢各位。我真不知道讲什么，怎么讲，我还以为每个获奖者都得讲，看到节目单才知道只有我和薛兆丰老师两个人演讲。今天这个奖很怪异，首先是不知道谁评出来的，我到现在还不知道；有记者来告诉我得奖了，我问谁评的，不得而知。这就有了神秘感。还有一个好处就是，获奖者可以不来领奖的，

---

1. 2018 年 12 月 1 日下午在"南方人物周刊 2018 年度魅力人物"颁奖大会上的获奖感言（北京金隅喜来登酒店）。根据录音整理而成，稍有扩充。

不来就没了。但我终究还是来了，因为我在网上一查，去年我的朋友汪民安教授得奖了，就去问他，他说了：没钱的，在年轻人中比较有影响。我觉得也蛮好。在中国，有钱的奖多半会有猫腻，还是不要好。

我是一个所谓"哲学工作者"，我的生活基本上是学术的，平常不看报，不看电视，所以居然不知道《南方人物周刊》这本杂志，也不知道今天这个奖。真是不好意思。我不知道你们，而你们却对我这么好，给我这个奖。不过我保证，以后我争取没事就看看你们的《周刊》，如果可能，也愿意做个颁奖嘉宾。

刚才陈嘉映教授念了我的"获奖理由"，不知是谁写的，大家可以看屏幕："历时六年，30卷《海德格尔文集》于今年6月正式出版，'中文世界海德格尔研究终于有了完备的文献积累，主编孙周兴居功至伟'。孙译海德格尔'独树一帜，自上世纪 90 年代起便深刻影响中国知识界'。而他并未止步于此，循着现象学的脉络，转向尼采研究，艺术哲学、技术哲学多点开花，探望未知的未来世纪。在象牙塔内，他用规则保障学术自由，用行动捍卫学术尊严，创造着这个时代宝贵的精神财富。"

这个总结写得蛮好的，总的讲不算太夸张，但也有少数夸张的地方，比如说"历时六年"，哪有这么容易的事？其实应该加上 20 年、30 年，而且也不是我一个人做的，而是一批中国学者共同完成的，包括在座的陈嘉映教授在内。这是必须补充说明的一点。我当然做了不少，大概一半是我完成的。听起来蛮吓人，30 卷海德格尔著作，大概有 1100 万字，读完它们得有几十年。所以不建议大家读。

我就是做了一些"农民工"一样的活。可以说我的生活是由这几个字构成的：尼—海—艺—技。我在主编《尼采著作全集》14卷，已经出了5卷；《海德格尔文集》30卷，已经全部出版了；我还在编一套"未来艺术丛书"，已出8卷，准备做30卷左右，还有"技术与未来丛书"，刚刚开始，正在规划中。我最近还组织了一个"未来哲学论坛"，主要讨论技术与未来。这四块都还没做完，工作量很大，当然不是我一个人做的。我是绍兴人，口音比较难听，绍兴人有个说法叫"三脚猫"，大概是指什么都想玩、什么都玩不好的人，应该就是说我，但我一数，自己已经是"四脚猫"了。

我自己的写作也跟上面讲的四个领域相关，已经写了8本书，正在写或计划写8本。

写完了也就差不多了。现在是 AI 时代，我最近一直在想，AI 时代的文字写作已经出了问题，令人担忧，比如说我做得最多的翻译就面临尴尬。哪怕是文学和哲学的翻译，我认为我们自然人做的翻译活将被机器人所取代，大概只能有十年八年时间了。以后的 AI 机器人会比我们做得更好，因为它能综合众多译者和文本的优点，剔除我们译文中的错误。这就很恐怖。比如说我做得最多的尼采和海德格尔，加上马克思，可能是对近代以来的中国文化影响最大的哲学家；我们国内好些人在做翻译，机器人出来后，去芜存菁，肯定会形成更好的翻译。在可以预见的不远的将来，一些好的译本将经过机器人的修订和加工，变得更加完美，译者署名也将不得不变了，变成"陈嘉映 + 机器人可佳"，或者"孙周兴 + 机器人佳佳"了。稿费当然也要分了。这样其实也没什么不好，至少是省力气了。只是想到这一点，我就不再想做翻译了。所以今年上半年，我完成了最后一本翻译，是尼采的《快乐的科学》，以后不会再做大部头的翻译了。今后我还会继续写，但更多地要写我自己的东西了。

因为今天颁奖大会的主题是"创造"，所以我要来说说我关于人的定义，就是："人总是能够重新开始。"我自己觉得这个定义不算差，就用作我微信号上的个性签名了，写的是一句德文：Immer neu anfangen zu können, ist das Wesen des Menschen。这句话要译成中文，意思就是：人与猪的本质差别在于，人总是能够重新开始。这是我的真心话，是我跟自己的小孩说的，她当时成绩不好，我就跟她谈话，当场蹦出来这一句话，莫名其妙。她听懂了，后来成绩就好了。

要证明我这个定义，难度不小，在此我愿意说的大致有三点。

第一，人总是有现场直接发动的能力，不需要中介。比如现在，我们在这个地方讲"创造"，如果你们觉得无聊，我们可以改个题目吗？当然可以，马上可以改过来。如果我们愿意，我们现在完全就可以做别的事，我们可以讨论人工智能、基因编辑，我们可以讨论特朗普，讨论自由，无论是抽象的还是具体的话题，我们都可以直接启动起来。这就是人，人就是这么一个具有直接现场发动力的动物。

第二，人有向未来开放的自由本质。人是可能性的动物（猪是现实性的动物），也可以说是不确定的动物，人总是在向未来的开放中展开自己的生活。人一旦锁闭自己，人一旦不能向可能性和未来开放了，他就抑郁和自闭了，就会犯抑郁症。我碰到过一个学生，大学三年级，因为不能向未来开放，对外部世界失去了信心，竟然在半年之内重了60斤。各位能想象这个状况吗？有些抑郁症患者，对外界失去了信心，对生活没有了兴趣，通过大量的吃来安慰自己。现在抑郁症患者越来越多，多半是因为不能开放自己了，就是说，没有自由能力了。

第三，作为可能之在，人要通过创造来完成自己。人要向未来开放，向可能性开放，人就是一种创造性的存在，每个自由的个体都是一个创造性的个体。我们时刻都在创造。创造是什么？所谓创造就是奇思妙想，就是制造奇异性和神秘性。现在有人担心我们人类将被机器人取代，我说不可能的，因为机器人不可能有这样一种奇异性和神秘性。人类的本质就是创造的奇异性，而机器人不可能具备。比如说此时此刻我在跟你们讲话，但我心里想着我的夫人，或者别的什么人和事，机器人恐怕做不到这一点。人总是能跳跃到无比遥远的地方去，这就是人类存在的本性。我认为在未来的人工智能时代，很多学科和行业会消失，但是人文科学，艺术和哲学这种创造性的学科将依然保留下来。这就是人的创造，创造是每时每刻的，创造是每个人的。创造尤其是现代人的本质，因为现代人更自由更长生，不创造怎么行？难道让我们等死吗？我们不能等死，人活着就是创造。

但这个世界还会好吗？我们分明看到，世界乱了，自然人类的传统价值日益崩溃，人类进入技术统治时代。我们得搞清楚这个时代到底发生了什么情况，已经一个多世纪了，我们2500年的文明建立起来的传统宗教、传统哲学和传统艺术慢慢没有力量了，它不能影响我们的生活了。为什么？因为技术—工业—商业时代开始了，文明中主导性的东西已经变了。人类文明处于一个前所未有的裂变中，我把它描述为自然人类文明向技术人类文明过渡。我们的物质环境，甚至我们的身体被全面技术化了，我们的心灵和精神也一样，变成了技术工业的对象。这时候，我们的生活世界，以及我们的生命经验都需要重塑，而以我的理解，这样的重塑就是创造。这是我们的人文科学特别是艺术和哲学存在的意义，需要通过创造重新理解我们的世界。

且不管这个世界会不会好了，哲学的未来使命是：如何保卫个体自由？尤其在今天，在技术统治的今天，个体面临技术的同质化、虚拟化和全面监控的威胁，个体性和个体价值越来越难以保护和保障。这时候，如果哲学还有用，未来还有哲学，就必须是一种从个体出发的生命哲学。我的问题是：如何保卫个体自由？这也是我对自己、为自己提出的问题。我为自己给出的建议也有三点：

第一，需要重建生活世界的信念。我们已经失掉了神性的信仰，但必须有生活世界的信念——信念是一种定力。我们已经不能指望超验的信仰了，但必须有信念，信仰是绝对的，而信念是相对的。我们还得相信世界会好的，是有意义的，事物是稳重的，是可以感触的，旁人是可以接近的，人间是温暖的。这样的信念我们都应该建立起来，如果没有这样的信念，我们的生活会崩溃的。

第二，需要发动一种创造性的时间经验。传统文化是建立在一种线性时间观念上的。所谓线性时间观，就是认为时间是一条河流不断地流逝，我们每个人都是等死者。今天中午诗人多多跟我讲了一句特别好的话，应该是从佛教角度来讲的，他说时间是轮回的。是的，线性时间令人绝望，在传统宗教社会里，人们最后不得不用一个宗教的彼岸归宿来给线性无限的时间做一个解决。今天已经不再这样，今天我们必须重新启动一种新的时间经验，这是人类创造性的时间，因为对创造性的活动来说，更重要的是我们创造的时机，是我们展开生命的契机。创造性的圆性时间才是生命本体的时间——时间是圆的，生命才有希望。这也是我自己最近在思考的一个问题。

第三，必须把我们的生活理解为创造本身。生活本身就是创造，就是艺术。我们要在创造中完成抵抗，抵抗是普遍的。我们每时每刻都在抵抗，我们往前走要抵抗，往回

252

走也要抵抗。我们要抵抗无聊，但也要抵抗奢华，抵抗乱哄哄的喧哗，在抵抗当中保卫个体自由。我想这是我从事的哲学的任务，也是我现在慢慢转向的艺术的基本使命。

但是我不能再说下去了，还有一句话送给大家：只有通过创造，世界方可忍受，未来方可期待。

最后我要感谢刚刚谋面的《南方人物周刊》的主编、副主编和记者朋友们，还有赞助商别克汽车，准备回去马上买一辆别克；感谢我的颁奖嘉宾陈嘉映教授，他是我的兄弟，是我点名让他来的，其实我自己领也行；感谢我生命中出现的亲人和朋友们，你们多半不在现场，但我坚信，要是没有你们的爱，这个世界就真的不好了。谢谢大家！

通过翻译的阅读 [1]

——我眼下还喜欢的六本书

我在绍兴南部的会稽山里长大，老家离绍兴城有 40 多公里。我的初中和高中阶段正好是文革结束前后，即 1970 年代后期。当时农村无书可读，虽然老家有个优良传统，好些人家喜欢在大门上书"耕读之家"四个大字，但没书怎么"读"？我在乡下上完中学，1979 年高中毕业之前根本就没看到过什么课外书。1979 年去报考中专，没考上，家

---

1. 原载《南方周末》，2019 年 7 月 4 日。

母就让我拜师学艺，准备当一名泥水工。拜完了师傅，有一天我竟突发奇想，跟家母说：能不能让我复读一年，也许明年就能考上了呢。家母答道：可以，但只有一年。第二年，我考上了浙江大学，自己选了地质学专业。于是就到了杭州——终于有书读了。

进校后很快对本专业没了兴趣，就自己读文学，并且写诗。混了四年，毕业时报考了北京大学诗歌理论专业的硕士研究生，没考上，被分配到山东泰安的一个高校工作，教"大地构造"去了。又三年（1987年），考回浙江大学，成了哲学专业的研究生。这回算是定了型，我终于走上了哲学研究的道路，此后不曾离开。现在回头来看，我差点走上、但未能走上的道路有两条：一是泥水工（做好了就是建筑包工头），二是诗歌研究者（做好了就是文学系教授）。

我的专业是哲学，重点领域在德国哲学和艺术哲学。再具体点，我的学术经历可分为三步，也可以说是我的三个重点：海德格尔—尼采—艺术哲学，分别主编了《海德格尔文集》（40卷）—《尼采著作全集》（14卷）—"未来艺术丛书"（计划30卷）。我大致已经做了30年的海德格尔，还没结束；又做了十几年的尼采，差不多做到一半光景了；艺术哲学虽然是我早就开始关注的一个领域，但其间经常断断续续，总体上还处于学习阶段，还有不得其门而入的感觉，是我今后几年的工作重心。

世上好书多。但我大概是比较挑食的，不想无节制地读书。生命有限，光是西方哲学史上各种人物的著作，都要读下来，岂不是要把人累死？在专业学习的过程中，对我影响比较大的哲学书应该是下面三本：康德的《纯粹理性批判》、海德格尔的《存在与时间》、阿佩尔的《哲学的改造》等。康德这本《纯批》是我在硕士阶段读的，中德文对照着读，又有浙大盛晓明老师课堂上的讲解，自己觉得收获最大；海德格尔的《存在与时间》，是我读得最久的一本，硕士和博士阶段都在读，因为属于我的研究课题的范围，但读得比较笨拙，至今也不能说完全掌握了；再就是刚刚去世的阿佩尔的《哲学的改造》，是我在博士阶段完成中文翻译的（根据英文选本，与陆兴华合译），也是我在中国大陆出版的第一本哲学翻译著作，通过该书的翻译，我获得了对当代哲学的宏观理解。

当年为了准备博士论文，我集中研读了海德格尔的后期主要著作，养成了边读边译的习惯。博士毕业时（1992年），我已经把海德格尔的著名"三路"《林中路》《路标》

《在通向语言的途中》译好了，密密麻麻记了三大本（当时还不能用汉字电脑写作）。毕业后，我花了几年时间把这三大本录入电脑，做了补译和修订，就拿去出版了。

我相信，翻译是最严格意义上的阅读。在翻译中，你得读懂每一个字、每一个句子，而且得把每一个字、每一个句子转化为自己的母语，容不得一点儿马虎；哪怕原文有误植和错讹，也不能逃避，须得一一加以澄清。还有，需要指出的是，就欧洲语言—汉语的翻译来说，因为两者没有对应的形式语法结构，这种转化的难度必定是最大的，远甚于欧洲语言内部的相互翻译。

不过，翻译是一回事，读懂文本恐怕还是另一回事。有的书是我自己翻译的，在句法和语义上应该是弄懂了（当然翻译永远有失误），或者当时以为自己弄懂了，但后来重读，发现还有未尽之义，含着此前没有读出来的意思。对一些经典来说，这是经常有的事了。这也常常让我对经典、对语言心生敬畏。

就我的三个研究领域（尼采、海德格尔、艺术哲学）来说，我目前喜欢的著作大概有六本，多半是我自己翻译的。我之所以愿意推荐自己的译作，倒不是要趁机推销它们，而是感觉对它们更有把握些。

首先是尼采的两本：《悲剧的诞生》和《查拉图斯特拉如是说》。坊间译本好多，尤其是《查拉图斯特拉如是说》，估计已经有十七八个不同的中文译本了，是被译得最多的外国哲学书。我当然愿意推荐自己的译本。尼采有"三书"，除上列两本，还可加上鼎鼎大名的《权力意志》，也是我译的，但这本是遗著，杂乱而未成系统，故可不予推荐。《悲剧的诞生》是现代美学经典，也是一部文化哲学的名著，尼采在其中反对传统美学的明朗—和谐论，提出了现代性的审美冲突结构；同时，尼采这本书区分了艺术文化、理论文化和悲剧文化三个类型，形成了反苏格拉底—柏拉图主义的批判立场，以及直面虚无和痛苦的生命本体的艺术形而上学理想。要理解现代性美学和现代主义艺术，尼采此书不可不读。《查拉图斯特拉如是说》是尼采本人最重视和最推崇的一本书，此书有一个副标题："一本为所有人又不为任何人的书"。这个副题已经暗示了这本书的艰难：为所有人写的，但没人能读懂。此书采用散文诗笔法，又隐含戏剧性情节，以文学的非推论（弱推论）方式表达哲思，后期尼采的重大主题如"上帝之死""超人""权力意志"和"永恒轮回"思想等，均在此书中获得了隐秘呈现。再补一句：此书还是哲学美文的典范。

其次是海德格尔的两本：《林中路》和《在通向语言的途中》。说到海德格尔，大家更熟悉的是他的《存在与时间》（1927年），后者是20世纪的哲学经典。再说了，如果海德格尔有第二本代表作的话，我会举出他完成于1930年代中期、而迟至1989年才出版的《哲学论稿》（全集第65卷）——但这本书不可读，大概是20世纪最神秘的书。我为何要在此推荐《林中路》和《在通向语言的途中》这两本呢？我想首先是因为可读性。当然这两本书也一样晦涩，义理极为深奥，说它们可读，也是不无勉强的。只不过，这两本书虽然晦涩，但表达是稳重的，又是有趣的，是有牵引力的。如果有人夜间无眠，我会建议他读书，要读那些有趣又不好懂的书，比如《林中路》之类。其次是因为这两本书含有了不起的思想。《林中路》的第一篇"艺术作品的本源"（1936 年）就被伽达默尔誉为 20 世纪最重要的美学经典——好像没有说"之一"。在这个译成中文约 4 万字的短小的艺术哲学文本中，海德格尔创立了一种艺术现象学或者"真理美学"，试图给出一种非美学的或后美学的艺术理解方式。另一本《在通向语言的途中》，是海德格尔 1950 年代关于语言问题的文集，篇幅不大，义理却极其幽远神秘，可谓有史以来对语言问题的最深、最玄的思索。语言本身就神秘，今人只知道把语言当工具，其实语言规定着我们的一言一行，一举一动。语言的这样一种规定力量，当然是不易解说的。

最后是当代艺术（艺术理论）的两本：一是博伊斯的《什么是艺术？》（韩子仲译），

二是基弗的《艺术在没落中升起》(梅宁、孙周兴译)。其实这两本都是谈话录,不能干脆说是两位当代艺术家的"个人著作",但两书的主旨和基本内容却是属于这两位艺术家的。作为战后德国最重要的艺术家,博伊斯是当代艺术的真正开创者,为德国当代艺术的兴盛奠定了基础,但博伊斯本人的"著作"却只有这本《什么是艺术?》,是他与学生在工作坊里的对话。由此也显示了这本书的特殊意义。博伊斯在该书中传达了自己的"扩展的艺术概念",为当代艺术作了观念上的论证。《艺术在没落中升起》是当代德国最有影响的艺术家之一安瑟姆·基弗与一位艺术史家的长篇对话,也是基弗第一次系统阐发自己的当代艺术哲学体系,传达了一种具有现象学和神秘主义色彩的艺术理想。本书活泼而有深邃,十分好读。要真正了解"当代艺术"，博伊斯和基弗的这两本书是必读的。

以上六本是我眼下还喜欢的书，是我——通过翻译——真正深入阅读和研究过的。特推荐给读者，希望诸君喜欢。

2018 年 3 月 26 日记于沪上同济

翻译是苦中作乐
——关于「汉译名著」的一次访谈[1]

记者： 能否请您谈谈自己参与翻译"汉译学术名著丛书"的过程？在翻译的过程中，您有哪些心得和体会？

孙周兴： 我应该是商务印书馆汉译学术名著丛书的积极参与者，迄今为止，我的译著被收入这个系列的共有 8 种，包括尼采的 2 种：《悲剧的诞生》《权力意志》，海德格尔

---

1. 系作者 2019 年 7 月 1 日接受《中华读书报》记者陈菁霞的书面采访。经编辑整理后以《翻译是一件严肃又好玩的事》为题，刊于《中华读书报》，2019 年 9 月 18 日。

的 6 种:《林中路》《路标》《在通向语言的途中》《尼采》《面向思的思情》(合译)《哲学论稿（从本有而来）》等。[1] 这其中有两本大书，就是尼采的《权力意志》和海德格尔的《尼采》，均为上下两卷本，均有百万汉字的篇幅。据我所知，商务印书馆遴选汉译名著，是在现有译作基础上进行的，先提供出一个候选书目，邀请相关领域专家讨论和投票决定。这种做法是靠谱的，基本保证了入选作者和译本的可靠性。

要说体会，我愿意说两点。首先，翻译和研究是一体的，或者说，翻译就是精读。我最早的海德格尔翻译原本并不是为了出版，而是为了做自己的博士学位论文，做论文要

---

1. 至 2024 年又加上了 5 种，即尼采的《快乐的科学》和《查拉图斯特拉如是说》，海德格尔的《什么叫思想？》《荷尔德林诗的阐释》《演讲与论文集》。

精读，又觉得文本有趣，就索性把几个主要文本译了出来，后来觉得既然译了，干脆继续加工修订，先在中国台湾出了几个繁体字版，后在中国大陆出了简体字版，那1990年代的事，海德格尔的《林中路》《路标》《在通向语言的途中》等的翻译就是这样完成的，现在这三本都收入"汉译名著"了。

其次，翻译是一件既严肃又好玩的事。翻译工作太严格了，我虽然不完全同意鲁迅先生的"硬译"主张，但基本上也倾向于认为，学术翻译的第一原则是力求字面对应，或者以我的说法，就是"字面义优先原则"。许多学术翻译上，甚至学术上的争执起于对字面义与解释义不作区分。比如同一个词，不同哲学家可能会有不同的赋义和解释，如果我们贸然采取解释义，那么我们就只好一家一译，把同一个词弄成好几个译名，这就乱了套。既然要以字面义优先（这也许又是一个不可能的要求），译者的工作就必须是严肃认真的，字字句句，要细细研磨，不得随意发挥。就此而言，翻译肯定是一份"苦差"。但另一方面，我又认为翻译是一件好玩的事——当然，前提是文本要好，还要对译者的胃口。译者自己喜欢读的书，通过翻译来精读，岂非快事一桩？

记者："汉译学术名著丛书"最初是从商务印书馆 1905 年出版的严复翻译的《天演论》发轫的，"一名之立，旬月踟蹰"，严译的"精善"广受学界称道。后来者如哲学家贺麟译黑格尔的《小逻辑》，法学家潘汉典译马基雅维里的《君主论》等，都经历了孜孜以求、上下求索的过程。在您的翻译过程中，经历过哪些曲折与繁难？

孙周兴：除了上面讲的严格和好玩，翻译当然也是一个体力活。我记得刚到德国时，1999 年的下半年，我住在德国波恩，白天要去歌德学院上课，晚上做海德格尔《尼采》两卷本的翻译，顺手的时候每天能译五六千个汉词，当然那还是初译稿。那时候年轻，体力好，不怕累，腰不酸背不痛，要放到现在就不可能了。

你说的翻译上的曲折和繁难，我基本上没碰到过。可能最艰难的一本翻译，是海德格尔的《哲学论稿（从本有而来）》，因为这本书实在是太晦涩了，我称之为 20 世纪最神秘的哲学书。作者在其中造了很多新德语词，也给不少德语词重新赋义了。我不喜欢故弄玄虚的语言表达，但这回在翻译过程中，我不得不"生造"了一些新的汉词，比如"本有"（Ereignis）、"谋制"（Machenschaft）、

"迷移"（Berücken），等等。事出无奈，这本书是够折腾的。好在汉语组词能力强大，"生造"是可能的。

记者："有千年的著作，没有千年的译作"。由于不同时代的文风变化和对经典的理解会随着学术进步有所深入和侧重变化，因此，同样的经典原著在不同的时代有不同译本。就您本人而言，有无遇到过重译的情况？对于不同译本的水准、特色等问题，您如何评价？

孙周兴：我不太同意这个说法："有千年的著作，没有千年的译作"，好的译作也可能是永存的。比如说尼采的《查拉图斯特拉如是说》，大概是汉语世界被翻译最多的外国哲学著作，迄今应该有超过 20 个不同汉语译本，目前收入"汉译名著"系列的译本仍旧是徐梵澄先生的《苏鲁支语录》，我做的新译本也在商务印书馆出版，但未能收入该系列。时代变了，语言变了，出现一些新译本，这是正常的，只要不是乱抄乱翻的拙劣之译作。很遗憾在《查拉图斯特拉如是说》的多个译本当中，这种现象是有的。徐梵澄先生的这个译本并不是完美的，在严格性方面要差一些，但文气甚佳，确实是一个好译本，我认为它是可以永存的。翻译也是创造，有些经典的译本是有持久价值的。

我从事学术工作30多年，个人的思想、语言和文气也在变。老实说我现在最不愿意看自己年轻时写的东西。不过自我感觉也不一定对。我曾经把自己以前的一篇文章改写了，但有一位老朋友看到，说还不如以前的呢。就译事来说，虽然我没做过重译的事，但好些译本都经过了程度不同的修订，比如《面向思的事情》修订译本，我做的改动就特别大，前两年出版的海德格尔《什么叫思想?》中译本，初译稿是根据英文本做的，因为版权问题未解决，放在电脑里一直未能出版，后来根据德文版重新翻译，感觉以前译得很不好。

记者：随着学术的发展和专业学者的成长，读者对一些学术著作的理解更为深入，因此对译著的专业化翻译要求更高。这是否意味着对译者的学养的要求比过去更高了？

孙周兴：学术在进步，队伍在扩大，这是必然的。现在的年轻学者从小就有机会读书，成人后又有机会去国外访学，有不少是学养不错的，我很看好他们，希望他们能做出更大的成就。对一些专业的研究者来说，如果只为研究，完全可以只读原著而不读译著的。随着整体研究的深入，学术翻译的专业化是必然趋势，没有深入的研究，便不可能有成熟的翻译。现在一些国外经典著作已经出现了多个汉语译本，这是好事，是值得提倡的。

不过我也发现一种情况，在此要特别来说一说。一些学者一边读着译著，利用现有译著来撰写研究论文和著作，但一边只标识外文原著的文献信息，仿佛是要表明自己的外语有多好，自己有多么高明多么原创。这种情况显然也属于学术不端行为，虽然经常是隐性的。后果是什么呢？我们看到的是学术界不断重复的讨论，人人都装成"第一次"。这对学术的进展是不利的。我以为，无论翻译还是研究，目标是一致的，都是要为母语学术和母语文化做贡献，因此，尊重母语学术语境是学者的基本素养，这当然也包括对已经化入母语语境里的学术译作的重视。

记者："汉译名著"作为商务印书馆的品牌书系，影响了几代读书人，除了名家名著，商务印书馆对译文质量的严苛把关也是其核心竞争力的有力保障。在国内西学译著日见其多，但粗劣译本也随之泛滥的今天，您如何看待商务印书馆"汉译名著"的这一坚持对于中国学术发展、普及的意义？

孙周兴：商务印书馆的"汉译名著"系列已成学术界最大的品牌，对中国当代文化的意义不容我多说。当今汉语常用词汇的译词比例极高，据说达到90%以上，完全可以说现代汉语文化是一种"翻译文化"，就此而言，"汉译名著"对现代汉语和汉语文化具有关键的塑造作用。我只是觉得我们做得还不够多不够好。大概五六年前，我曾写过一篇小文章，建议把"汉译名著"系列扩大到2000种左右，因为当时还只有300种左右。商务印书馆总经理于殿利先生大概是采纳了我的建议，最近几年来把这套书扩大了许多，现在好像已经超过700种了。我认为这是值得称道的，但目前的成绩离我讲的2000种还有很大的距离。

我倒并不担心粗劣译本，这事总归难免。再说译无止境，世上没有完美的译本，"汉译名著"中的现有译作，也不见得本本都是无可挑剔的，我自己做的翻译也是，得经常修正和提高。对学术翻译事业来说，我以为重要的是要有正常的、善意的批评，指出失误和错讹，提出改进的建议，以便形成更好的译本。

记者：参加"汉译名著"的翻译对您个

人学术生涯有何影响？或者说，您如何看待这一工作在您个人学术生涯中的价值和意义？

孙周兴：这个问题我开头就大致回答了，但还愿意多说几句。我从来没有为了翻译一本"汉译名著"而翻译，前面说了，我最早的翻译是为了准备学位论文而做的文献积累，之后则主要是为了所谓"课题"而做的，比如我后来做的海德格尔译著和尼采译著，属于我承担的科研项目的任务。当然我只做自己觉得好玩有趣的东西。要说译事对我的学术研究的影响，我觉得首先主要是在文字表达方面。翻译是一种严苛的工作，译者不但需要懂外语，更需要有良好的母语语感；翻译过程可以说是两门语言之间的不断撕扯和反复确认，语言上的考验是十分严峻的，这样的工作时间长了，当然会影响译者的母语表达能力，使译者形成比较精准和比较稳重的写作风格。哪怕我翻译的尼采和海德格尔的著作多半不是严格哲学的文本，我仍然愿意认为，翻译对我的表达风格有十分重要的影响。另一方面，正如我所强调的，翻译是一种精读，这种精读对学术研究来说是基础性的。尤其是我翻译的8种"汉译名著"，属于尼采和海德格尔的代表作，它们构成我的学术研究和思考的重要背景。

关于尼采与中国

——答德国《西塞罗》杂志记者问[1]

基斯勒博士：是不是有中国特有的尼采看法呢？（Gibt es einen spezifisch chinesischen Blick auf Nietzsche?）

孙周兴：当然有。中国知识分子习惯于从自己的语境和处境出发来理解（误解）尼采，在五四运动时期把尼采理解为反传统、

---

[1] 系作者 2017 年 5 月 29 日下午接受德国《西塞罗》（*Cicero*）杂志记者基斯勒博士（Dr. Alexander Kissler）的采访。后来在该杂志上有一个长篇德文报道，但未采用本文全文。

重个性、扬生命的"启蒙思想家"；在 1980 年代，人们把尼采理解为追求审美自由的美学家；而新世纪以来，有人把他理解为一个保守主义的政治哲学家（主要受海德格尔的弟子、美国哲学家列奥·施特劳斯的影响），我把他理解为实存哲学家或生命哲学家，或者还有别的理解角度。中国学者们是基于自己的母语经验、基于自己的现实关怀来了解尼采哲学的。就此而言，我们的理解必定是历史性的和民族性的，带有我们自己特殊的关切。

基斯勒博士：为何最近一些年来中国人对尼采的兴趣又大增？（Warum ist das Interesse an Nietzsche in den letzten Jahren in China gestiegen？）

孙周兴：是的，进入 21 世纪，尼采又成了中国学术界的一大热点，从翻译和研究角度来讲都是这样。目前关于尼采著作的中文翻译，居然有三个版本：一是刘小枫教授主持的《尼采注疏集》(华东师范大学出版社)，不仅翻译了尼采生前发表的全部著作，而且编译（选译）了尼采未刊文稿，还收集了若干本解读、研究尼采的著作和文集，后者对于国内的尼采研究来说是前所未有的，意义重大。二是中国人民大学出版社正推出杨恒达教授主持的《尼采全集》，据说要做二十几卷。三是我主持的《尼采著作全集》由商务印书馆出版，译事依据"科利版"进行，共14卷（科利版共15卷，但我们把其中单列的注释卷即第14卷化入各卷了）。目前德国正在编辑新版的《尼采全集》，在此之前，我们所依据的"科利版"应该说是最通行、最可靠的版本了。我们这套《尼采著作全集》

至今已出版了 5 卷（科利版第 4、5、6、12、13 卷），即将完成的是 2 卷（科利版第 1、2 卷，争取在明年内出版）。我们的工作总的来说进展较慢，力求高品质，估计要到 2020 年才能做完。[1]

与此同时，近期也出版多种关于尼采的研究著作，以及多本关于尼采的博士学位论文。我自己也于去年出版了一本《未来哲学序曲——尼采与后形而上学》，我这本书的目标是要系统清理尼采关于传统形而上学的解构工作，并且揭示尼采对于人类未来哲学的展望。

为什么在最近一些年来尼采又在中国大热？我想原因很复杂，有学术的也有政治

---

1. 我们的《海德格尔著作全集》翻译计划后被列入国家社科基金重大项目，于 2023 年结项，但至本书交稿时（2024 年 10 月）尚未出齐。

的，但主要原因是学术研究本身的进展，中国哲学界关于西方现代哲学的更深入的译介和研究，比如对海德格尔哲学和当代法国理论的了解，特别是从20世纪90年代以来，中国知识界对于启蒙理性和现代性问题的深入探讨，使中国学人们开始重新审理尼采哲学，我们终于发现了尼采的恒久的重要性。

基斯勒博士：尼采是被当作"西方思想家"吗？（Gilt Nietzsche als Denker des Westens?）

孙周兴：我曾经说过尼采就像一个惊叹号，竖在20世纪的门槛上——尼采是1900年去世的。无论在中国还是在西方，尼采都有革命性的影响。尼采这个"幽灵"飘荡在剧烈变化的中国现代文化史中。无论是五四新文化运动，还是1980年代的"思想解放运动"，尼采都是个核心角色。当然这个角色是有变化的，在五四时期，尼采是一个激烈地反传统文化的角色，是鲁迅所说的"偶像破坏者"和"轨道破坏者"；在 1980 年代，尼采则成了一个"美学的尼采"和"诗化哲学的尼采"。尼采总是脱不了被利用的"工具命"——在五四时期，尼采被用作反传统儒家文化的"工具"；在 80 年代，尼采则被用作反政治高压、争取个性自由的"工具"。但无论如何，尼采的基本形象并没有改变，在中国几代知识分子心目中，尼采一直是一个"反传统、重生命、扬个性"的西方哲学家。在古今、中西的现代性难题的破解中，尼采一次次被提出来，成为中国文化现代性反思的一个工具性符号。还有，尼采在中国现代文化史上集中呈现时，都成就了重大文化思潮。而最近十几年以来尼采又热了，这意味着什么？值得我们想一想。是不是中国社会文化又到了一个剧烈变化的节点上？

尼采的身份比较特殊，他既是西方哲学家，又是西方传统文化的激烈批判者，是一个反种族中心主义者，所以也有非西方性。我觉得，尼采和海德格尔以后，世界多元文化的平等交流才有了可能性。

基斯勒博士：尼采与中国传统哲学有何种关系？（In welchem Verhältnis steht er zur traditionellen chinesischen Philosophie?）

孙周兴：中国传统哲学通常被认为是"儒、释、道"三合一。中国学者比较关注"尼采与佛教""尼采与道家"（老子、庄子）的比较研究，而少有人讨论"尼采与儒家哲学"的关系——除了五四时期的知识分子喜欢用他们理解的尼采来"打倒孔家店"。尼采与佛教有深刻的关系，他主要是通过叔本华接受了佛教式的虚无主义，这个课题大有深究的必要。至于尼采与道家，特别是尼采与庄子哲学的关系，也是中国学者们重点谈论的，比如北京大学的陈鼓应先生，他就喜欢讨论这个课题，写过一本厚厚的书，但我认为此类同构式的比较研究的意义是值得担忧的。

基斯勒博士：尼采思想的哪些方面是有现实意义的，哪些方面已经过时了？（Welche Aspekte des nietzscheanischen Denkens sind aktuell, welche überholt？）

孙周兴：在解构方面，尼采发起了对欧洲传统文化的系统批判，他把欧洲传统形而上学（包括哲学和宗教）揭示为"柏拉图主义"，他看到了科学—技术—工业对于人类生活的负面影响，对科学乐观主义作了持续的对抗式批判；在建构方面，尼采早期跟随瓦格纳，主张"通过艺术重建神话"，借助于古希腊悲剧，形成他的"审美形而上学"的文化哲学理想，而在后期，尼采提出一种形而上学重建方案（他所谓的"哲学主楼"），形成一种以"权力意志"和"相同者的永恒轮回"为核心概念的生命哲学或存在哲学思考，以抵抗现代性和"颓废"文化。可见，尼采在哲学的解构和建构方面都留下了至今仍具有现实意义的哲思成果。尼采哲学是有未来性的。

尼采思想中有哪些方面已经过时了呢？我个人认为主要是尼采的政治主张。尼采的政治立场是大有问题的。这里我并不是指尼采和尼采哲学后来被法西斯主义所利用，而是说：尼采从个体启蒙的角度，反对政治启蒙与政治变革，反对自由、平等、博爱的现代价值观念。尼采是一个实存哲学家，太关注个体性，抵制任何形式的本质主义和普遍主义，这是不无道理的和正当的，但有时难免走了极端。

基斯勒博士：翻译尼采是可能的吗？

（Kann man Nietzsche überhaupt übersetzen？）

孙周兴：翻译永远是一道普世难题，哲学翻译和诗歌翻译是难中之难吧？翻译的可能性问题也一再被提出来。但"不可译"并不意味着大家就不译了，不可译而译，是一种必需和必然。在这方面，我的主张是：先译，再说不可译。

比较而言，特别是跟德国古典哲学比较，尼采是比较容易翻译的，因为尼采的哲学是用并不严格的散文写成的，尼采文字具有诗意但还不是诗歌，所以还比较好译。尼采也不像后来的海德格尔，喜欢创造新词，或者赋予旧词以新义，所以也比海德格尔的著作好译。于是我们便可理解，为何尼采的《查拉图斯特拉如是说》居然有近20个中文译本！

基斯勒博士：在21世纪的中国，哲学具有何种地位？（Welchen Stellenwert hat generell die Philosophie im China des 21. Jahrhunderts？）

孙周兴：这是一个大问题，也是有意思的问题。近代以来（这是中式表达，大概自19世纪中期以来），中国传统思想文化不断受到欧洲—西方文化的挑战，形成所谓"中西古今"的现代性难题。面对强势的西方技术工业和制度文明，中国现代文化一直处于"学徒"状态。特别是在20世纪上半叶，尤其是五四运动时期的知识分子，他们对于中国传统文化有很大的失望，全盘接受西方文化者居多。封闭的毛泽东时代结束后，也就是1976年以后，在我们这里叫"新时期"，中国开始"改革开放"，迄今已经有40年了。这40年间中国发生了巨大的变化，完成了从农业文明向工业文明的转换，在文化姿态上也是多有起伏变化，但主要可分两段，差不多前20年以开放、吸收为主；后20年则情况有了大变，保护和恢复中国传统文化的声音越来越强烈。今天中国的文化局势是高度复杂的，自由主义变成了弱势，而各色左派、保守主义和新儒家等日趋强盛。个中原因十分复杂，既跟国际局势（特别是中美关系）相关，也跟中国国家的发展和处境相关，也与中国学术界对西方现代性文化的批判与反思相关。

从哲学上讲，几代中国学者其实都在做一种努力：把中国传统思想文化现代化，直言之，就是要用西方哲学的概念和方法来重新整理传统中国哲学，或者说重建中国哲学。但现在人们开始反思这种整理工作的合法性，前几年甚至开展了一场关于"中国哲学的合法性"的大讨论。现代中国哲学搞了一个多世纪，现在居然还需要讨论其合法性，实在令人唏嘘。我想，这场讨论的背景就是我上面讲的时代变化。现在我们需要抵制的是另一种矫枉过正，即从全盘西化转向全盘中化，从西方主义走向了一种民族主义。这时候，保持公正性是极为必要的。这时候，我们更需要体会尼采"视角主义"以及作为"公正"的真理概念。尼采真的是一位有先见之明的哲学家。

　　未来哲学应该是世界性的，如果人类还

有未来的话。但这并不是以排斥、压抑各民族文化的异质性和差异性为代价的。未来哲学要在超越的世界性与回归的地方性之间保持张力,我把这种姿态就做"公正"。就此而言,哲学,无论何种哲学,都将大有可为。

基斯勒博士: 还有其他德国哲学家在中国受到特别的兴趣吗?(Stoßen noch andere deutsche Philosophen auf besonderes chinesisches Interesse?)

孙周兴: 尼采对中国的影响之巨之深,大概只有19世纪的马克思和20世纪的海德格尔可与之一较轩轾。马克思、尼采和海德格尔,无疑是对中国20世纪思想文化影响最大的三位思想家,而且这三位都是德国的思想家。如果从对中国现代文化和学术思潮的推动来讲,这三位思想家当中又以尼采为最。马克思的影响主要在政治意识形态上，而海德格尔的影响则在哲学批判和思想层面上。

除了马克思、尼采和海德格尔这三位，其他许多德国哲学家在中国有重要的影响，比如莱布尼茨、康德、黑格尔、叔本华、胡塞尔、伽达默尔、哈贝马斯，等等。我刚刚在山东济南参加"山东大学国际莱布尼茨研究中心"成立大会，我才知道中国居然已经有四个莱布尼茨研究中心，令人吃惊。刚刚去世的法兰克福的当代哲学家卡尔-奥托·阿佩尔（Karl-Otto Apel），北京一家报纸正在组织学者写纪念文章，我已经开始写了。

经常有德国同行说哲学在德国已经不太受重视了，但在我们中国，这事尚未发生，德国哲学依然是学术重点。当代德国哲学看起来也确实不像当代法国哲学那样有力量，但我觉得，风水轮流转，说不定哪一天，德国哲学又开始了。我也期待中国哲学哪一天又开始了。而如我所言，无论哪国哪族的哲学，未来哲学是世界性的。

为什么今天我们越发要读海德格尔？[1]

中国哲学界和出版界今年有一件大事，就是国家社会科学基金重大项目、30 卷《海德格尔文集》由商务印书馆出齐。

德国哲学家马丁·海德格尔已公认是 20 世纪西方最重要的思想家之一，"海学"研究也是国际学术热点。这里有两个奇怪的地方。一是其人去世才 42 年，但据统计，世界上有

---

1. 系作者接受《长江日报》记者李煦的采访，原载《长江日报》，2018 年 9 月 25 日。收入本书时作了改动。

关海德格尔哲学的研究文献已达到哲学史第一名，超过了历史上的大哲学家柏拉图、康德等人的研究文献。二是，用中文版《海德格尔文集》主编、课题组首席专家孙周兴教授的话说，海德格尔"政治上不太清白，作风也不大好，作为个人来说没有什么优点"，但是海氏的思想引起了全世界知识界和民众的关注，而且不是一点点的关注。在中国，海德格尔的一些说法也"火"得一塌糊涂，比如"向死而生"，还有那句"人，诗意地栖居"，更是成为诸多房地产广告的热词。其实"人，诗意地栖居"出自诗人荷尔德林，但是一经海德格尔的引用、诠释、评点，这话就流行了。

海德格尔就是这么牛，他有一篇文章《筑·居·思》，一万多字，但是开创了一门学科——建筑现象学。其他诸如文学、艺术、政治学、宗教学、社会学、教育学、语言学等领域，都可以看到海德格尔的影响。德文版《海德格尔全集》目前规划102卷，已经翻成英、法、意、日四种文字，他的成名作《存在与时间》仅在日本就有七个译本。

国家社科基金重大项目评审组的鉴定意见认为：由孙周兴主持的中文版30卷，约1100万字，成为国内迄今已完成的单个外国哲学家著作翻译中规模最大的项目，把海德格尔思想的基本面貌集中展示给中文世界，具有重大而深远的理论意义。孙周兴则表示，下一步计划做到40卷。

今天，我们为什么还要读海德格尔？9月初，孙周兴教授在上海接受了"读+"专访。

半个世纪前的预言变成现实

读+： 海德格尔在思想史上，到底有什么样的地位？

孙周兴： 可以用三句话来概括。1. 他是存在主义之集大成者，用我的译法，是实存主义的集大成者。而存在主义或实存主义是20世纪最有力量、最有影响的哲学思潮之一。2. 他是技术批判之最深邃者。我们时代的问题很多，但技术问题是其中的核心问题，因为其他问题多半是由现代技术—工业—商业发动起来的，可以说，在这个时代里谁把握了技术问题，谁就抓住了时代的命脉。把技术问题理解为现代性之核心来加以思索，海德格尔可能是做得最好的。3. 他是未来世界思想的开拓者，其高明之处在于他不再以欧洲哲学家自居，而是自觉地把思想的目光投向世界和未来，投向未来世界。所以他才会说他所思的"本有"与希腊的"逻各斯"、中国的"道"一样，是不可翻译的，其志向之高远无人能比。

有了这三点，海德格尔仍旧是我们绕不过去的思想家，我们今天越发要读海德格尔。

读＋：您提到，海德格尔在20世纪50年代就预言，人加工自己、制造自己的时代即将到来。此话确实令人震撼，他是在什么背景下说到这一点的？

孙周兴：海德格尔从20世纪30年代起，就在思考技术问题，中间经历了二战，看到了核武器的威力，几十万人在几秒钟内死去，这在以前是完全不可想象的。在1946年的《形而上学之克服》里他提出，计算和规划战胜了所有的动物性，人成为最重要的原料，人们终有一天将建造人类繁殖工厂，按需要有计划地控制男人和女人的生育。1953年他在《技术的追问》里写道，森林中的护林员，在祖辈走过的林中路上以同样的步态行走，但是这个人已经被木材工业"订置"了，不论他自己是否明白，这个护林员都被归入了"木材—纤维素—纸张—印刷品—公众舆论"的安排之中。

同年在《科学与沉思》中他写道，科学已经发展出一种在地球其他任何地方都找不到的权力，并且正在把这种权力最终覆盖于整个地球。

其实这些文章，大部分是我在20年前翻译的，但是当时我没有真正意识到其中的含义；近年来我主要研究尼采，为此重读海德格尔对尼采的这些评论文章，结合人工智能、生物工程、大数据的发展，才感叹海德格尔的惊人预见。

不久前，由特斯拉CEO马斯克领衔，100多名科学家致信联合国，呼吁禁止人工智能武器。但是没多久，五角大楼就宣布在实战中使用了深度学习和神经网络系统。

很明显，今天各个主权国家都要争先恐后研制人工智能武器，就像20世纪的核竞赛一样，谁先搞出来谁就是老大；在这种情况下，对"技术"的沉思尤其必要。

今年5月，美国前国务卿基辛格提出，应该成立一个由杰出思想家组成的总统委员会，来帮助制定关于人工智能的国家远景规划。他说："如同我不了解技术一样，人工智能的开发人员对政治和哲学也缺乏了解。从协调人工智能与人文传统的角度而言，人工智能应该被列在国家议程中的最优先位置。如果我们不尽快开始这项工作，我们很快就会发现起步太迟了。"

他为什么不在乎历史污点？

读＋：说到海德格尔，同样绕不过去的是他的历史污点，这到底是怎么回事？

孙周兴：海德格尔在 1933 年到 1934 年之间，当过弗莱堡大学 10 个月的校长，其间加入纳粹党，签署了一些文件，10 个月以后因为他的建议得不到纳粹教育部认同，就辞去了职务。

我们同济引进过一位德国哲学家彼得·特拉夫尼来担任教职，就是他编辑了海德格尔在纳粹期间的几个笔记，叫《黑色笔记》，里面有 4、5 个地方有反犹表达。

让学界、让德国人更为崩溃的是，二战以后，海德格尔丝毫没有为自己的行为道歉、公开承认错误。现在的局面大致是，法国哲学家们和知识分子在努力为海德格尔辩护，而德国哲学家们多半在出于政治正确的需要，来批判海德格尔的政治错误。

试想，20世纪最伟大的哲学家，在政治上曾经是一个纳粹分子，他的哲学怎么让我们相信？

有人甚至说海德格尔后期著作也具有纳粹倾向，我觉得不可以做这样简单和粗暴的断言。哲学是整体的、宏大的思考，政治是局部的、区域性的。当一个大哲学家在局部的政治问题上犯错误的时候，我们怎么办？历史的经验表明，大哲学家在政治上多半不高明，时有愚蠢之举。我认为，要避免用海德格尔的政治错误全盘否定海德格尔的哲学，当然也不能反过来说海德格尔在政治上没有问题。

读＋：他为什么不道歉？为什么大哲学家们会在政治上"失足"？

孙周兴：我认为，政治不是海德格尔关注的重点，他的思考进入了另一个层面。至于哲学家的失足或者说道德瑕疵，我们应该有一个历史性的看法。古典时代的哲学家好多是道德的化身；但是到现代主义兴起以后，尼采以后，一些哲学家作为个人在道德上的表现就不怎么样了，这里的背景是宗教的衰落。任何道德，其根源都可以归结于宗教，那么当宗教淡出后，道德的约束力就越来越弱了。

对今天的社会关系和社会运作而言，更重要的是规则而不是道德，道德当然是好的，是必要的，但现在的人类生活可能更需要规则。今天尤其要警惕拿道德主义当幌子的现象，举起这种幌子，不仅于事无补，而且有时会对个体造成过度伤害。

读+： 如此说来，学哲学对人生、对日常生活不见得有益处？

孙周兴： 我有个朋友曾经想信教，被我劝住了。我跟他说，你心思这么强大，应该学哲学，宗教并不适合你。因为宗教需要的是信仰和服从，不需要论证；而哲学是要论证的。尼采、海德格尔等现代哲人反对传统哲学推论式的理性论证，但他们仍然是在讲自己的道理，有自己的理路。

哲学的论证具有某种暴力性，是要把握生活、把握自我、把握行为；宗教却不是这样的，信仰是一种归属和服从，适合心思虚弱的人。心力偏弱者如果学哲学，是有可能被哲学伤害的。

哲学是一种强大的精神力量，它能帮助人们更好地维护和把控精神层面的自己。

人们需要的是鸡汤还是哲学？

读＋：我有个"大不敬"的想法，当哲学的理念落实到日常生活中，它变得像鸡汤了。

孙周兴：不是哲学家本身想把哲学做成鸡汤，而是民众需要鸡汤，他们愿意用鸡汤的方式来阅读哲学书，来要求哲学。我给你举个例子，写《哲学的慰藉》的英国人德波顿，这两年特别热门，已经在全世界办了十几所"人生学校"（school of life），还有朋友跟我建议，要不请他也来中国办一个？

现在听哲学课的人很多，其中大部分是想找安慰，在寻觅心灵鸡汤。我不反对这个，这种心理按摩没什么不好的。其实哲学家自己也需要心灵鸡汤，也需要心理按摩。

好的鸡汤里一定是有点哲学成分，现在的问题可能是太滥了，以至于出现一些神神叨叨的东西，一些"毒鸡汤"。

读＋：回到海德格尔，据说他对中国、对东方有某种兴趣？

孙周兴：海德格尔对东方的理解恐怕主要是通过日本，因为当时有很多日本学生在听他讲课。所以海德格尔在日本影响特别大，反过来日本对他也有影响。他对中国的兴趣恐怕主要在古代思想，我们知道他和中国学者萧师毅合作翻译过《老子》，译了十几章。海德格尔把"道"翻译成"道路"，这应该算是"创造性的理解"，萧师毅肯定是不会同意，两个人是谈不到一起去的。海德格尔用的《老子》版本是当年在青岛的传教士卫礼贤的译本，现在还放在他书房里，我去参观时看到过。

读+：海德格尔对未来的技术世界，提出过什么解决方案？

孙周兴：海德格尔说要"泰然任之"，要 let be，首先是不要慌，要放松，要放得下；既要对这个技术世界说 Yes，同时也要说 No。他自己不开车，但坐他夫人开的车。他警告说：现代人"要"得太多，已经不会"不要"了——需要唤起一种"不要"的能力。对技术乐观主义占据主导的时代而言，海德格尔关于技术的态度明显是倾向于保守的，但他并不泥古不化。

海德格尔引用荷尔德林的诗句："哪里有危险，哪里也生救渡"。我们愈是邻近危险，进入救渡的道路便愈明亮地开始闪烁。他主张我们以更为明亮的眼睛去洞察危险，追问技术，因为救渡乃植根并且发育于技术之本质中。

我们越来越需要哲思的定力[1]

前不久，商务印书馆出版了 30 卷的《海德格尔文集》，这是由同济大学孙周兴教授与香港中文大学王庆节教授主编，国内该领域杰出的中青年哲学家合作，通过数年的辛劳完成的一项大型学术工程。

对学界来说，知道哲学家马丁·海德格尔而不知道孙周兴教授的人不多。原因很简

---

1. 本文为《新民晚报》记者沈琦华的采访稿，以《孙周兴：我们越来越需要哲思的定力》为题，发表于《新民晚报》，2018 年 7 月 28 日。收入本书时作了改动。

单，海德格尔的重要著作的大多数中文译本，是由孙周兴翻译的。作家张生曾评价道："孙氏对海德格尔的翻译既准确又别具风格，已蔚然成一家之言，是为'孙译海德格尔'，犹如之前的吴寿彭对亚里士多德的翻译，贺麟对黑格尔的翻译一样，已被广泛认可。"不求名利，不求闻达，孙周兴说，这是墙内学人在学术大殿上承前启后的薪传大业。

做学问需要的一点野心

有人对当下国内出版物如何做到畅销有过一个总结：短短的篇章，甜甜的语言，淡淡的哀愁，浅浅的哲学。30卷《海德格尔文集》躲过了上述全部要素。但对孙周兴来说，即便没有销量，少有读者，这个工作也是一定要做的。有些人和事对孙周兴的触动很大，比如熊伟先生。

北京大学外国哲学研究所的熊伟教授已经在 20 世纪末故去了，他是德高望重的中国西方哲学界的元老。熊伟 1930 年代在德国波恩和弗莱堡留学，应该是中国唯一称得上海德格尔弟子的哲学家。但熊伟先生却从不以海氏门生自居，只是说他在 1933 年至 1936 年间听过海德格尔的课，且当时从未有机会与海氏深谈。熊伟归国后，曾在当时的国立中央大学任教，后在同济大学任教，担任过同济大学文学院院长。或许也是一种机缘，孙周兴后来接了熊伟的班，复建同济大学人文学院，做了 11 年院长。中国的"海学研究"（海德格尔研究），熊伟无疑是这项事业的奠基人。"文革"后，熊伟翻译了一些海德格尔的著作，并培养了不少海德格尔的研究者。1988 年，熊伟赴德国参加会议，顺便把他和弟子陈嘉映、王庆节翻译的海德格尔的《存在与时间》中译本送给海德格尔档案馆。当地报纸对此作了一个报道，并刊出一张有熊伟题辞的中译本扉页照片。报道标题是："《存在与时间》也有中文版了"；副标题为："海德格尔的著作现在已有 23 种语言"。

孙周兴看问题角度不同，他曾撰文写道："中文是大语种，而在这项事业上竟排名第 23 位。凭我有限的语言知识，还真罗列不尽排在前面的 22 种语言。"其实，熊伟从德国回来后把这个新闻报道的复印件寄给孙周兴，大约也含有促动后生奋发图强的意图。

《存在与时间》中译本是在 1987 年出版的，可以说这是海德格尔单本著作的第一个完整中译本，而之前只有熊伟做的一些海氏著作节译和重要文章翻译。在很长一个时期里，中国学界对于海德格尔思想的了解，基本也就凭着熊先生上面的这些译文了。

1980年代末到1990年代初，西方学术研究解冻复苏，海德格尔学说自然很受关注，其间国内也有一些海氏的译本出版。1990年代中后期，孙周兴陆续翻译出版了《海德格尔选集》《林中路》《在通向语言的途中》《路标》等。尤其是孙周兴主编的《海德格尔文集》两卷本，被评为"1997年中国十大好书"，更一度成为中国哲学论文引用外文文献第一名，可见其学术影响之大。

学术是在一代代学者的传承中延续和发展的。正是有了熊伟、陈嘉映、王庆节、孙周兴一众学者孜孜不倦的努力，才有了如今30卷《海德格尔文集》中文版的出现。

"充满劳绩"而后"诗意"

很多人知道海德格尔，大约都听说过他那句著名的"人，诗意地栖居"。需要澄清的是，这句意味深长的"箴言"并不是海德格尔原创的，而是他引自德国诗人荷尔德林的诗句，原文是："充满劳绩，然而人诗意地，栖居在这片大地上。"其实对于海德格尔来说，"诗意"的前提恰恰是很多人不愿意注意的"充满劳绩"。

孙周兴出生于1960年代绍兴南部的一个偏僻乡村，很小，只有几十户村民。他很小就要帮父母干农活，砍柴，打猪草，插秧，打稻……其实这也是所有农村孩子的必修课，考大学则是走出农村的唯一出路。1980年，17岁的孙周兴考上了浙江大学地质学系，毕业后被分配到山东一所大学教地质学；三年后，孙周兴重回浙大，从硕士一路读到博士，当然，不是地质学，而是哲学。

孙周兴在浙大读地质学时，不喜欢专业，而迷恋诗歌，毕业时报考北大中文系诗歌理论方向的研究生，可惜英语成绩不够。不过上帝关上了孙周兴的诗歌之窗，也同时为他打开了哲学之门。在山东教地质学的那段生活，孙周兴感到乏味。偶然间，他在学校图书馆里查到1960年代的《哲学译丛》，里面有熊伟翻译的海德格尔的文章，读后似懂非懂，但觉得这才是有趣的哲学。于是，孙周兴一头撞入"诗意"的海德格尔里，辛勤耕耘，踏实地一步一步走下去，学习德语，研究哲学，翻译哲学名著。

孙周兴1992年博士毕业留校，次年被聘为杭州大学副教授，33岁成为浙江大学教授，36岁时已经是浙江大学的博士生导师了。1999年，孙周兴作为洪堡基金学者，赴德国乌帕塔尔大学哲学系访学，研究海德格尔早期现象学，顺便学了点古希腊文。2001年，孙周兴从德国回来，2002年到同济大学创办德国哲学研究所任所长，随后复建了同济大学哲学系，2006年复建同济大学人文学院。

海德格尔的翻译和研究一直是孙周兴的主要领域，不过他并没有止步于此，十几年前，他决心开垦另一块艰难的德国哲学领地——尼采翻译和研究；近几年，则着力开启艺术哲学的新领域。"充满劳绩"，由孙周兴主编的商务版《尼采著作全集》共14卷，正在陆续出版中；由他主编的"未来艺术丛书"也已经出版了首批8种。孙周兴习惯把他的翻译拿到自己的博士生班上去讨论，大到理清每个章节的学理性问题，小到每个语言虚词都要仔细推敲，一如当初翻译海德格尔。

孙周兴外表粗犷，早年长发卷曲，并留有一脸浓密的络腮胡。孙周兴也愿意用农民的眼光看问题，因为农民的眼光是简单和朴素的。这不仅与他从内心热爱的海德格尔对大地和农人的推崇有关，更因为他相信一分汗水一分收获。当别人恭维他已成为尼采专家和当代艺术理论专家时，这个在哲学领域辛勤耕耘的"学术农民"很坦率地摆摆手说，对于海德格尔，自己二十多年的研究可以说得上有点心得了，但在尼采研究和艺术哲学研究上，火候未到，还得进一步深入。

用哲学对抗抑郁

一生爱哲学，很大程度上，孙周兴一直

认为哲学是和人的生活连接很紧密的一门人文科学。每门科学其实都是在讲道理，但哲学讲的道理是大尺度的，是关于世界和生命的最大的道理。

近年来，中国人群心理疾病患者的比例不断上升，孙周兴敏感地感觉到"哲学在心理治疗方面是可以有所作为的"。五六年前，孙周兴请来了曾替名主持治疗抑郁症的赵旭东教授，为他新设了"哲学心理学"博士点，招收该方向的博士生。两年前，他又力排众议，在同济大学人文学院新建了心理学系。孙周兴用三句话强调了他在人文学院建立心理治疗学科的意图：第一，哲学让人不陷入绝境，哲学史上没有一个自杀的哲学家；第二，哲学让人厘清思路；第三，哲学让人好好说话。这三句话，本质上都是心理学的问题。对抗抑郁症的心理治疗，实际上也可以说是一种哲学治疗。

孙周兴也有农民的耿直。他曾以公开信的形式，怒斥学术期刊的"游戏规则"，引得学术圈一片哗然。

孙周兴也有一副潇洒倜傥的"名士派"。张生说他曾有机会亲聆以"洪堡学者"身份载誉归来的孙周兴所做的一场场面热烈的报告："他用一口拗口的绍兴普通话流利地讲述海德格尔的重要概念的翻译问题，神采很是飞扬，极像欧洲十九世纪的那种充满激情的浪漫主义诗人。"

哲学应该会越来越热闹，越来越重要，越来越受到关注。据说要考孙周兴教授主持的同济大学哲学学科的博士生，难度不小，数据显示是差不多 10 个考生里面录取 1 个。孙周兴认为，哲学将是中国最有希望的一个学科，哲学学科的培养目标是独立、自由的人格，以及具有高度想象力的思考，而这无疑是中国年轻人最需要的一种能力。

孙周兴说，人大概可分为两类，有一类是心思比较脆弱者，他不需要哲学，而需要服从和信仰；另外一类是心思比较强大的人，他要自己去承担，去掌控，想要自己去论证自己的行为和观念，自己去把握自己的生活，他就需要哲学。在今天这个时代里，由于个体性越来越强，心思强大者居多。对普通人而言，读一些有趣而又不好懂的哲学，比如尼采，是大有好处的。哲学或是对抗抑郁和虚无的一剂良药。

后记

　　本书是我最近几年（2018—2023 年）的哲学论集（短篇和访谈），大致分为四编，分别以其中一篇文章的标题标识之，所以有：第一编"哲学就是我们的日常行动"；第二编"今天我们怎么做哲学？"；第三编"未来哲学的主题和使命"；第四编"我们越来越需要哲思的定力"。第一编关乎当代生活世界，第二编描写若干哲学人物，也包括几篇序言和发言稿，第三编重申"未来哲学"主题，属于我最近几年哲学活动的重点，第四编主要选录了媒体采访和报道。这种划分和编排终究是相对的，是不可当真的。总之，这是一本比较松懈的书，大概可以叫作"哲学散文"，意在纪录心路历程。

原先我把书名立为《观念的行动——当代哲学短论集》，是为了传达我的一个主张：观念就是行动，心动即身动。长期以来，哲学家被视为不食人间烟火的"观念动物"，"观念"被认为是抽象的，也即是隔离于具身实质的。真的是这样吗？我们知道欧洲第一个观念论者是柏拉图，他的哲学也被称为"理念论"。柏拉图关于"理念"或"共相"的讨论不完美，可以说是相当不哲学，一说模仿，二说分有。亚里士多德就讥之为打比方，哲学可不是打比方。你说我孙周兴之所以长成一个人，是因为我模仿或分有了"人"这个普遍理念。这实在不是哲学的论证，太不像话了。但柏拉图毕竟是头一个观念论者，而且规定了整部西方哲学史，以至于尼采说，形而上学史就是"柏拉图主义"。观念当然重要，人就是观念动物，我们时时刻刻都在使用和构成观念。尼采的指控不在于观念本身，而在于观念论者的假设：普遍—抽象—超感性的观念/理念世界才是真实的和值得追求的，而我们生活于其中的鸡零狗碎的感性世界则是要被摈弃的。

尼采之后的现象学终于打破了这个观念论传统，胡塞尔以"本质直观"或"观念直观的抽象"一举解构了传统抽象观念论，揭示了观念的感性基础；海德格尔进一步把现象的实行—行动意义看作优先项，实际上是突出了观念的行动性。观念不再是高冷之物，远离于感性—个别—具身，相反，观念恰恰是在此在行动中完成的。观念不但不超感，而倒是可感的，因为，哪怕最简单的感知也是赋义行为。

不过，在本书修订完毕、准备交稿时，我却把书名更换为《哲思的定力——当代哲学短论集》。在《观念的行动》与《哲思的定力》这两个书名之间，我犹豫了好几天，觉得两个都合适，都是这本哲学短论集所包含的基本意思。但我最终还是选择了《哲思的定力》，理由恐怕也不是特别显赫的。我大概会说，以论证和辩护为主的哲学一直在人类生活中发挥着某种稳定作用，而在今天这个越来越虚空和漂浮不定的技术生活世界里，我们将越来越需要哲思的定力。

正如本书中的一篇文章标题所显示的那样，哲学已经是人类普遍的心智现实。这就是说，哲学无所不在，人人都是哲人。若然，再问哲学有什么用，实在是十分搞笑的事了——这个时代确有此不良倾向，排斥宏大，却又崇拜巨量。我们分明已经在哲学中，为哲学所规定，通过哲学来展开行动（所谓"观念的行动"），但人们多半并不自知。试问，若没有古希腊哲学，则何来形式科学？若没有形式科学，则何来现代科学？若没有现代科学，则何来现代技术？若没有现代技术，则何来现代工业？若没有现代工业，则何来资本主义的生产方式和生活方式？这样的"因果追溯"虽然不免粗糙，但基本逻辑却是大致成立的。我们这里说的哲学是传统主流哲学，强逻辑的论证是它的基本特征。而在19世纪中期以来，另一种弱逻辑和弱推论的新哲学出现了，甚至越来越取得了优势地位，那就是后尼采的人文哲学——我曾称之为"广义现象学"。

哲学从此越来越多样化了，不只有强逻辑的哲学类型，也有弱逻辑的哲学类型，不只有欧洲的哲学类型，也有非欧民族的思想方式或观念构成方式。变成复数的多样化哲学应和着人类心智的丰富性，无疑是好事；而且，无论何种样式的哲学，无论广义的还是狭义的，无论严格的还是不严格的，只要还是哲学，就必定保持着论证和辩护作用。

除了这本哲学短论集，我同时还编辑了一本艺术论集，立名为《异在的力量——当代艺术评论》，同样主要收录了 2019 年以后几年内的艺术文章。疫情期间，疫情之后，世道大变。疫后重启，但生活世界已经变了样，尤其是由数字技术营造的世界虚拟性空前增强，而三年多的疫情为此提供了巨大的助力。我自己的生活也有大变，疫情一开始（2020 年 8 月），我就已经从繁华大都市上海移居杭州乡下了。另外，我多年来用力最多的是哲学翻译，但这项工作的最后一项《尼采著作全集》（14 卷本）也已基本结束了，以后恐怕不会把翻译当作正事了。所以这两本书的编辑和出版，于我也算是一个"小结"了——比如收在本书第四编中的采访和访谈，主要关乎我的哲学翻译工作，特别是我主持的《海德格尔文集》和《尼采著作全集》。

这时候我想起尼采的话：虽然世界不断流变，形形色色，苦多乐少，终究虚无，但生命本体依然顽强，坚如磐石。这是尼采的悲剧形而上学，大意如此。我本想以尼采指控苏格拉底的方式批评一下尼采，说你这话不也是一种"自欺"吗？——想想算了。

2023 年 11 月 6 日记于余杭良渚

2024 年 9 月 17 日补记

图书在版编目(CIP)数据

哲思的定力：当代哲学短论集 / 孙周兴著.
上海：上海人民出版社，2025. -- (未来哲学系列).
ISBN 978-7-208-19468-7

Ⅰ. G303-05

中国国家版本馆 CIP 数据核字第 2025QZ9699 号

责任编辑 陈佳妮　陶听蝉
封扉设计 人马艺术设计·储平

中国美术学院文化创新与视觉传播研究院成果
Achievements of the Institute of Cultural Innovation and Visual Communication
China Academy of Art

中国美术学院视觉中国协同创新中心
The Institute for Collaborative Innovationin Chinese Visual Studies
China Academy of Art

出版项目

中国美术学院视觉中国研究院
China Institute for Visual Studies，China Academy of Art

未来哲学系列

哲思的定力
——当代哲学短论集

孙周兴 著

出　　版　上海人民出版社
　　　　　（201101　上海市闵行区号景路 159 弄 C 座）
发　　行　上海人民出版社发行中心
印　　刷　浙江新华数码印务有限公司
开　　本　787×1092　1/32
印　　张　10.5
插　　页　5
字　　数　106,000
版　　次　2025 年 5 月第 1 版
印　　次　2025 年 5 月第 1 次印刷
ISBN 978-7-208-19468-7/B·1830
定　　价　66.00 元